成事

冯唐品读
曾国藩嘉言钞

冯唐 著

北京联合出版公司

果麦文化 出品

冯唐自序：如何成事？

我从商学院毕业之后就进了麦肯锡，近十年后，加入了我的一个客户的团队，然后在体制内创业，如今在做一级市场投资，一直从事管理工作。一眨眼，都有二十年的工作经验了。

我清楚记得在大学时，偶尔读到招聘广告，说要求有八年以上某种经验，总是拉着同宿舍的人一起惊诧：什么东西还需要有这么长的经验？这是真笨呢，还是真笨啊？

后来，残酷的事实教育了我，八年不算长，管理是一生的日常，成事是一生的修行。

开始主要是管理自己：自己的时间，自己的体力，自己的情绪，自己的三观，自己工作和生活的平衡——其实几乎没有生活，只是工作、工作、工作。

后来主要是管理事儿：主要围绕问题解决（problem solving）。信息收集得对吗？够吗？真实可靠吗？数算对了吗？推理符合逻辑和常识吗？假设的解决方案是什么？事实之下，逻辑之内，能立得住吗？这样的解决方案，对于利益相关方都意味着什么？他们都会如何接受？接受或者不接受或者某种程度的接受，合力最可能的结果是什么？沟通方案是什么？沟通会议安排好了吗？谁参加？谁可能会说什么？会议的结果可能是什么？如何处置？

再后来是管理团队：核心小组成员都在想什么？如何统一思想？统一思想之后，核心成员还有不同意见怎么办？核心小组成员之外，成千上万的大团队如何管？政治思想工作更管用，还是业绩管理更管用，还是一起喝酒吐槽更管用？如果要牺牲，牺牲自己、核心小组成员，还是大团队的某一部分？哪部分？

在管理实践的过程中，我一直在琢磨，如何成事？

少数人为什么能成事？为什么能持续成事？为什么能持续成大事？

——而多数人，手里一把好牌，却总是出昏着，总是打不赢。还有一部分成过事的人，暂时挫败之后、暂时成功之后，就彻底慌了，完全不知道应该如何继续做了。

原始禅宗的标准是：一个偈子答错了，即使之前十万个偈子都答对了，也还是错了。这个人还是没有悟到尘世的本质。成事也一样。不在乎失败，在乎的是成事的人，怕的是有些成事的人，不知道事是如何成的，也不知道事是如何败的。机会来临，这些人再冲上去，我只好在背后默念，阿弥陀佛。

一方面，我一直试图找几本适合中国管理者读的管理类书，不是那些百度一下就可知的知识类书，不是那些MBA教的基本管理学框架（战略管理、组织行为学、市场营销、报表分析、公司金融、衍生品、税法、审计、中级会计等等），不是那些把一个简单管理工具拖成一本冗长说教的时髦书（算了，不得罪人了，不举例了），而是那些真的能指导中国管理者克服心魔、带领团队、穿越两难迷雾的管理类书。

主要的目的不是证明谁对谁错，是希望更多的人觉悟到管理的正道——不一定要念MBA、不一定要在麦肯锡点灯熬油好些年、不一定要在现实世界里犯那么多错被世界打脸，即使做不到，至少能偶尔努力去做，稍稍认可能做到的人、乐观其成。次要目的是我想省事。我懒得唠叨，本性里，我话没那么多。我希望有本书，我交到伙伴们手上，叮嘱他们常读，一读再读，乃至吟咏背诵。如果这本书足够好，说出了我想说的话，我就不用整天话痨了。

可惜的是，我在中国的书店里找不到，我在欧美的书店里也找不到，一本也找不到。

另一方面，在我漫长的管理生涯里，特别到了后期，有了困惑，我渐渐没了导师可以帮我解惑。我的管理困惑都在中国，我反复比较，给了我最好帮助的还是中国古书和先贤。我的书单包括：《道德经》《论语》《史记》《汉书》《资治通鉴》《曾文正公嘉言钞》《毛泽东选集》，等等。

我不得不承认，我读曾国藩的书最多、最勤、最有收获。

《道德经》《论语》太久远了，和现代困扰脱节太多。"二十四史"一路（含《史记》《汉书》）偏学者书，写书的人没成过什么事儿，甚至没干过什么事儿，没被成事的难处反复困扰，读的时候总觉着写书的人有层纸没捅破、也没能力捅破。《资治通鉴》是部伟大的书，可惜就是太长，而且受限于编年体的体例以及写史人的矜持，司马光及其团队心里要说的很多话没有在书里直接说出来。

相比之下，在成事一项上，曾国藩就鹤立鸡群，千古一人。他为师为将为相，立德立功立言，救过中国几十年，写过几千万字（不确定多少是他写的、多少是幕僚写的）。更重要的是，他做实事，在非常难做事的晚清，而且，他做很大的实事，而且，他持续做很多很大的实事，而且，他写的东西都围绕着如何成事，提供了前无古人、后无来者的方法论和修炼法门。

每次翻开他的书，功过且不论，满纸背后都是：成事！成事！成事！（GTD：getting things done）

可惜的是，他留下的文字太庞杂，他没太多管理学基础，他写的东西常常还是不够坦诚直接，和现代人有隔阂。

为了不太唠叨，为了有一本中国管理者能反复翻的书，我打算写本书：以梁启超编选的《曾文正公嘉言钞》为底本，以成事为主旨，从现代管理角度品读。

在写作的过程中，我抵制了试图总结归纳的诱惑，还是保持梁启超编选的顺序，和《论语》一样，没头没尾，从任何一页都可以读起，在任何一页都可以停下。我渐渐理解了孔子后人和梁启超为什么这么做，为什么没有试图建立一个不重不漏的体系：总结归纳难免遗漏和变形，不如像草木流水一样把文字放在这里，读过之后，读者自然有自己的总结归纳或者再读一遍的欲望。

在写作的过程中，我有种迫不及待的愿望：这本书快点写完，这本书快点印出来，我要给三五个人看，我要逼这三五个人仔细看，这三五个人如果真懂了，世界应该能更美好一点。

在那一瞬间，我知道，这本书有存在的必要了。

Contents 目录

001　书札
103　家书
187　家训
213　日记
245　文集

书札

今日而言治术，则莫若综核名实；今日而言学术，则莫若取笃实践履之士。物穷则变，救浮华者莫如质。积疲之后，振之以猛，意在斯乎！（复贺耦庚）

此条涉及做事的态度，也涉及选人任事的方法。

治术，是政治实践，实际操练的技术；学术，是理论，是上层建筑、意识形态，是宣之于口、落之于纸笔，是PPT宣讲。

第一句，讲政治，强调名实相称，不务虚，不画饼；第二句，讲理论，强调的却是人，"笃实践履之士"，老老实实、一步一个脚印干活的人。

孔子说"必也正乎其名"，儒家讲究做任何事，先竖杆大旗，先把理论搞清楚。曾国藩却说，现在顾不了这些了，别做PPT了，先找能踏实干活的人。"积疲（顽）之后，振之以猛"——所谓一剂猛药，就是实干。

时代越靠近现代，信息越庞杂，人越容易空谈，是非越容易被混淆，庸众越容易狂欢，骗子越容易生存。

求实落实到"治术"（狭义定义为政治，广义定义为管理），就是少讲大道理，少戴大帽子，就是要层层追问清楚："我们要解决什么问题？""为什么会出现这个问题？""这个问题可以分解为几个次级问题？""如何解决这个问题？""需要什么资源？""潜在的最大困难有哪些？"等等。

求实落实到"学术"，就是多倚重一些读书多、思考多、不好浮名的学者，就是少些闭门造车的臆造，少些到处吹牛的时间。从综述开始，从获取和消化这一个细分领域古往今来、华夏四夷的主要研究成果开始，辅以相关领域的涉猎，基于随机双盲的实验，大胆假设，小心论证，为往圣继绝学，哪怕只增加一点点真知灼见。

如今，佞人太多，虚招太多，太多人混了太久了，更多人被蒙太久了。行胜于言，质胜于华，既是曾国藩做事的特点，也是用人的慧眼。

吾辈今日苟有所见，而欲为行远之计，又可不早具坚车乎哉！
（致刘孟容）

　　自从韩愈提出"文以载道"，后世儒家便把这四字奉为不二法门。坚车，不是坚固的三轮车，而是可以"载道"的好文章。

　　曾国藩这封信是写给老乡刘蓉的，刘蓉是个私塾先生，职业是教学生写文章。"我们要是有想法（所见），把想法长久地实践了（行远），第一步是先把文章写好。"放到现在，就是先把PPT做好。

　　把一件事想明白、写清朗，符合逻辑、符合事实，可以重复验证、可以实际操练，似乎是对人类很基本的要求，但是古往今来、西天东土，似乎只有少数人能做到。

耐冷耐苦，耐劳耐闲。（答黄麓溪）

扎扎实实地做事情，莫不如此。

关键是要"耐得住"。

曾国藩在另外一个场合提到：居官以耐烦为第一要义。

人材高下,视其志趣。卑者安流俗庸陋之规,而日趋污下。高者慕往哲盛隆之轨,而日即高明。(答欧阳功甫)

这句话很好玩,皮里阳秋,表面意思和实际意思不一样。

表面说,选择人才,要看一个人的志向,"卑者"和"高者"志向不同,结果也不同。

实际上,这句话的核心词在"规"和"轨",字音相近,意思相差很远。"卑者"是守规矩的人,日渐下流;高者是开辟道路的人(慕往哲盛隆之轨。慕,向往,和前一句的"安"不同;往哲,过去的高人,开门立派,不走寻常路),日渐上流。

安于规,一生安稳。创新轨,一生颠簸。同样的一生,可以是截然不同的过法。

这封信是曾国藩写给晚辈的"教育信"。做一个守规矩的人,还是做一个走自己路的人?

你选吧。

无兵不足深忧,无饷不足痛哭,独举目斯世,求一攘利不先、赴义恐后、忠愤耿耿者,不可亟得。此其可为浩叹也。(复彭丽生)

讲"人力"的重要性,人是第一位的。

在赤裸裸的利益面前、功过面前,能做到公平的人都已经不多,何况分利聚义、推功揽过的人?

做事情抢在前、争利益躲在后,重事实、说实话、不作假、不拍马屁的人,永远是稀缺的。

遇到这样的人,一定要和他/她做朋友,做一辈子的朋友。有这样三五个朋友,这辈子比较好过。

做事情、组团队的时候,一定要有三五个这样的人构成的核心。有了这样的核心,不怕没投资,不怕没政策,不怕业绩的起伏,事情是一定能做成的。

> 今日百废莫举，千疮并溃，无可收拾，独赖此精忠耿耿之寸衷，与斯民相对于骨岳血渊之中，冀其塞绝横流之人欲，以挽回厌乱之天心，庶几万有一补。不然，但就局势论之，则滔滔者吾不知其所底也。（与江岷樵、左季高）

曾国藩这封信写给江忠源、左宗棠。这三人的共同点：一、都是书生；二、都是精英；三、都能带兵、练兵、打仗；四、都亲临一线。

这句话有着浓浓的儒家精英意识。身逢乱世、衰世，精英该干什么？——要奋起，和苦难民众站在血海之中（与斯民相对于骨岳血渊之中），封堵弥漫社会的人性沉沦的欲望（塞绝横流之人欲），把世道、人心导向正轨，重建秩序（挽回厌乱之天心）。

这句话又是悲观主义的。国家的战乱与苦难、人性的沉沦与肆意，大江滔滔，不可阻挡。

在乱世，这就是一介书生该有的态度。这几个书生给烂透了的大清朝一个中兴，尽管这个中兴到最后并没有用。这就是精英的责任，或者说，精英的负担。

那么，繁华时代，精英们干什么？二十四桥明月夜，春风十里不如你，该酒时酒，该花时花。

集思广益本非易事，要当内持定见，而六辔在手；外广延纳，而万流赴壑，乃为尽善。（复欧阳晓岑）

这句话看起来简单，讲开会，讲怎样做领导，但"集思广益本非易事"。

第一，有主见（内持定见），有方向，并有控制方向的手段（六辔在手），不要开成神仙会；第二，大范围请人提供意见（延），并且采纳合理意见（纳）。

以麦肯锡的方法论观照，就是：先建立假设，然后广泛收集信息、数据、观点，有逻辑、有常识地总结归纳，支持最初的假设或者推翻它。

至于如何建立假设，大致有三种方式：天启，基于过往经验，基于专家意见。至于如何收集和分析信息，一本书写不完，于此从略。至于如何能有心胸接受别人的意见，也是一本书写不完，于此从略。

说起来容易做起来难，曾国藩深有体会。

> 方今民穷财困，吾辈势不能别有噢咻生息之术，计惟力去害民之人，以听吾民之自挚自活而已。（与朱石翘）

做官之道，做好官之道，这句话最重要。做管理也应如此。

第一，承认自己的局限性。我们这些做官的没有生财之道、发家妙方；

第二，确定自己的任务。能做的只有尽力干掉坏人，维护秩序和规则；

第三，让老百姓自己想办法、自己去生活吧。

首先明白自己不能干什么，其次知道自己能干什么，最后放手让别人去干该干的事。

一方水土和一方人，有神奇的共性。一方水土，没有人类折腾它，给它几年、十几年、几十年，草木自然丰美，群莺自然乱飞。一方人，没有朝廷折腾他们，给他们几年、十几年、几十年，自然富足，自然文艺，自然珠玉灿烂。

做官成功之道是耐烦，做官积德之道是别折腾。

带勇之人，第一要才堪治民，第二要不怕死，第三要不急急名利，第四要耐受辛苦。大抵有忠义血性，则四者相从以俱至。（与彭筱房、曾香海）

带勇之人，即直接带兵的人，中层管理人员。

这句话更精练一点，就是：不贪财，不怕死（承平时期就是不怕犯错），不惜力。能做到这"三不"的中层干部，我没见过干不好事儿、带不好人的。

曾国藩的HR经验谈，可以实操。

古来名将得士卒之心，盖有在于钱财之外者，后世将弁专恃粮重饷优为牢笼兵心之具，其本为已浅矣，是以金多则奋勇蚁附，利尽则冷落兽散。（与王璞山）

又是一句管理学金句。

这句话是曾国藩写给 CFO（营官）王璞山的。CFO 向董事长要钱加薪，董事长曾国藩果断拒绝，并讲了一番大道理：一个好团队，不是靠薪酬维持的，"得士卒之心，盖有在于钱财之外者"。

"钱财之外者"是什么？曾国藩没说。

钱财之外重要的是：伟大的理想，干事儿的机会，你爱他们而且他们也爱你的团队。

国藩入世已深,厌阅一种宽厚论说、模棱气象,养成不黑不白不痛不痒之世界,误人家国已非一日,偶有所触,则轮囷肝胆又与掀振一番。(与刘孟容)

入世,不是指活在人间,是指做官、在官场。

在官场历练多年、身居高位的曾国藩,依旧满腹牢骚,话只能说给老朋友听。意思很简单:讨厌"宽厚""模棱"的官场风气,讨厌好好先生、一味呵呵;看到这种人与事,心肝儿都要翻滚起来。

不仅在官场,在商场,亦如是。模棱误国,呵呵误事。一个公司,一个团队,一个好的工作氛围,不是你好我好大家好,而是说实话、做实事,有针砭、不怕痛。

练勇之道,必须营官昼夜从事,乃可渐几于熟,如鸡伏卵,如炉炼丹,未宜须臾稍离。(复刘霞仙)(启超按:教育家之于学生及吾人之自行修养,皆当如是。)

曾国藩写给中层管理人员的带团队箴言。

第一,不分白天黑夜,和团队打成一片;

第二,不着急,慢慢来;

第三,亲力亲为,现场有神,要盯住。

这样几年做下来,中层干部很可能变成霸道总裁,但是老婆很可能变成怨妇。此事古难全。

二三十年来，士大夫习于优容苟安，揄修袂而养姁步，倡为一种不白不黑、不痛不痒之风，见有慷慨感激以鸣不平者，则相与议其后，以为是不更事，轻浅而好自见。国藩昔厕六曹，目击此等风味，盖已痛恨次骨。（复龙翰臣）

话虽长，意思却简单——油腻的结构化。

曾国藩年轻时在六部历练（昔厕六曹），目睹了官员们的日常工作：一方面自己悠闲自在，一方面引导官场风气圆融油滑；遇见想干事、敢说话的青年人，就在背后说小话。

古往今来，风气依旧。

油腻不仅是人的事，也是结构的事。朝廷如是，企业也如是。

人到中年，容易油腻，企业发展到稳定的阶段，更容易油腻。如何避免做一个中年油腻男，如何避免做一个油腻的企业，重点都在管理，前者管理自己，后者管理他人。

国藩从宦有年，饱阅京洛风尘，达官贵人优容养望与在下者软熟和同之象，盖已稔知之而惯尝之，积不能平，乃变而为慷慨激烈、轩爽肮脏之一途，思欲稍易三四十年来不白不黑、不痛不痒、牢不可破之习，而矫枉过正，或不免流于意气之偏，以是屡蹈愆尤，丛讥取戾，而仁人君子，固不当责以中庸之道，且当怜其有所激而矫之之苦衷也。（复黄子春）

这段虽是牢骚话，却是沉郁顿挫、慷慨激昂。

——我当官很多年，熟悉京师官场的风云变幻。在上位的人，生活安逸，只求名望；在下位的人，像个面团，只捣糨糊。对这种官场习气，这么多年看惯了，也受够了，郁积在心，不平则鸣。为了改变三四十年来黑白不分、不痛不痒的风气，我做官、说话开始变得慷慨激昂、正大刚猛。但积习牢不可破，矫枉必然过正，我有时免不了考虑不周全、意气用事，由此经常被嘀咕、被埋怨、被讥讽、被怨恨。仁人君子，同道中人，别要求我行中庸之道，请怜惜我的奋起、矫正的一片苦心。

在一个油腻、混沌的范围里，想奋起、想做事、想成事，不容易。曾国藩一生在官场，既在中央六部清闲地坐过办公室，也在基层前线打过仗流过血，既带过十万人的大队伍，也做过雄霸一方的大员。后人只看到他的风光，却很少看到他的苦恼。

做人，成事，如果想突破，要敢不同，敢坦诚，敢尖锐。

做企业，如果要基业长青，要有心胸激发、容纳、奖励异见和持异见者。

苍苍者究竟未知何若,吾辈竭力为之,成败不复计耳。(复朱石樵)

"苍苍者",老天也。

天意不可知,只管尽力做事,成败由天,我们不考虑。

很多时候——就算不是所有时候——尽人力,随天意。

愚民无知，于素所未见未闻之事，辄疑其难于上天。一人告退，百人附和，其实并无真知灼见；假令一人称好，即千人同声称好矣。（复褚一帆）

"群众无知，只会盲从"，是这句话的表面意思。

实际意思是：一个好的领导者，要能掌握时机，振臂一呼，"假令一人称好，即千人同声称好矣"。这是精英的素质，也是领导的艺术。

庸众无知，是个事实。这个事实常常令人悲哀，也常常被各种领袖人物利用。你不洗他们的脑子，别人就会洗。

曾国藩的这句话，用之作恶，常成大恶；用之行善，亦能大善。

虹贯荆卿之心，而见者以为淫氛而薄之；碧化苌宏之血，而览者以为顽石而弃之。古今同慨，我岂伊殊？屈累之所以一沉，而万世不复返顾者，良有以也。（与刘霞仙）

荆轲的心化作白虹，看见的人以颜色不纯正为由头故意鄙薄；苌宏的血变成碧玉，看见的人当成石头丢掉。古今都一样，我又有什么可以特殊的呢？这就是屈原沉江，虽历千万年，也不愿意回到人间的原因啊！

曾国藩是一个彻底的悲观主义者。

周作人曾经说过："大家都是可怜的人间。"

《诗经》曾经唱道："知我者谓我心忧，不知我者谓我何求。悠悠苍天，此何人哉！"

真正在人间成大事的人，他的底色往往是悲观，他对人性没有太多期待，他的心血往往不被世人理解。

时事愈艰，则挽回之道，自须先之以戒惧惕厉；傲兀郁积之气，足以肩任艰巨，然视事太易，亦是一弊。（与罗罗山、刘霞仙）

HR箴言一则。

事情越艰难，做事越要小心谨慎；胸怀大志的人固然能扛事，但会把做事看得太容易。

战略很重要（至于什么是合格的战略以及如何制定合格的战略，又是一本书才能讲完，这里从略），实施也一样重要。在我过去的管理工作中，见过太多缺少合格战略的例子，也见过同样多的缺少良好实施的例子。落实不易，要找对人，要有胡萝卜和大棒，要及时跟踪和及时调整。

曾国藩说"大处着眼，小处着手"，就是这个意思。

毛泽东说"战略上蔑视敌人，战术上重视敌人"，也是这个意思。

凡善弈者，每于棋危劫急之时，一面自救，一面破敌，往往因病成妍，转败为功。善用兵者亦然。（致罗罗山）

俗话说"久病成医"，曾国藩却说"因病成妍"，看起来相近，实际上有着境界的差别。

面对困局、病局，"自救"是第一重境界。第二重境界则是"破敌"，不仅自救困局，而且开拓新局，所谓"成妍"。

只能自救，"久病成医"的人，是守成之人；可以破敌，"因病成妍"的人，是创业（为功）之人。

在黑暗中一刻不停探求破局的机会，如蚕破茧，如月破云，如小鸡破壳，如花破花苞。

守得云开见月明。其实，光守，见不到月明，要破。

急于求效，杂以浮情客气，则或泰山当前而不克见。以瓦注者巧，以钩注者惮，以黄金注者昏。外重而内轻，其为蔽也久矣。（与李次青）

这句话是曾国藩引用《庄子》的。

庄子说，生而为人，仿佛进赌场。一言一行，都是赌注。赌注大小，心理负担不同，承受力不同。用瓦片以小博大，心里轻松；用玉钩下注，就会害怕；用黄金下注，就会心慌意乱了。

生而为人，难免下注，最重要的是内心要沉稳、心平气静，不把赌注看得太重（把赌注看得重，就是"外重而内轻"），如此才能看得远、博到大。

越是能干的人，越是成就了很多的人，越是容易心重，越是想赢怕输，越是容易动作变形、寝食难安，越是不能"治大国若烹小鲜"。迈不过这个坎儿，再聪明勤奋能干，也就是诸葛亮。迈过这个坎儿，就是曹操、刘秀、刘邦。

最善泳者，忘水。

又，曾文正公嫖得很少，但是深谙赌博之道。

锐气暗损,最为兵家所忌。用兵无他谬巧,常存有余不尽之气而已。(与李次青)

气,就是精神。所谓团队有锐气,就是团队有心气儿,就是有强烈的好战心和必胜的欲望。

用兵(带团队)其实也没有什么太多机巧,最重要的一点就是要让团队有绵绵不尽的心气儿,胜不骄、败不馁,永远不可抑制地跳动着一颗要争取更大胜利的好胜心。如果一些事情让团队的心气儿潜消暗损,没了斗志,没了动力,接下来的结果就是兵败如山倒,哪怕胜面依旧巨大。

一杯酒下肚,一时斗志昂扬,不难,但是长期用兵、长期让团队保持心气儿极难。锐气暗损,最为兵家所忌,也是兵家所最常见。

曾国藩没讲如何"常存有余不尽之气",其实,这本嘉言钞全部在讲这个问题。如果必须在这里总结,需要做到以下几点:

第一，带队伍的人（兵家）最好是个狂热的阿尔法男：好胜（Aggressive），强取（Acquisitive），贪得无厌（Accumulative）。带队伍的人最好在似乎不可能胜利的状态下取得过胜利。带队伍的人最好有魅力或者手腕让团队有时候盲目地相信他。

第二，选择本性乐观、好胜的人加入团队。

第三，制定长期制胜战略，上下同欲，上下都被长期的愿景所鼓舞。

第四，永远有一个有挑战、有胜算、有诱惑力的近期目标，哪怕大势极其恶劣。

第五，永远让团队有事儿做，哪怕看不出明确的短期作用。有仗打，打仗；没仗打，备战。

日中则昃，月盈则亏，故古诗"花未全开月未圆"之句，君子以为知道。自仆行军以来，每介疑胜疑败之际，战兢恐惧，上下怵惕者，其后恒得大胜；或当志得意满之候，狃于屡胜，将卒矜慢，其后常有意外之失。（与罗伯宜）（启超按：处一切境遇皆如此，岂惟用兵？）

这句话是曾国藩写给青年营官罗萱的，手把手，教部下。

第一句是日常话语，日中要落，月满要亏，"花未全开月未圆"是人生最美。

第二句是人生总结：打仗的时候，每当胜败不定，我由害怕而谨慎（恐惧），团队上下由害怕而警惕（怵惕），总能大胜。在连续赢了几仗的时候，我志得意满，团队骄傲散漫，常常就打败了。

家常话最有用，曾国藩的成功秘籍，几乎都是家常话。

再猛的人，最圆满的人生状态不是得到一切，而是满足现状。

再常胜的将军，最常见的失败原因是"骄兵必败"。

梁启超也按捺不住，补了一句：曾国藩说的这个道理，适用于一切境遇，不只是用兵打仗。我在协和学医的时候，老教授们反复强调：要如临深渊、如履薄冰，看似最普通的感冒也能夺取患者的生命。只有这样持续焦虑，才能成为一个伟大的医生。

但是，极其偶尔，我也想"贪得无厌、强取豪夺"，想一想，也挺爽。到了人生的后半段，我偶尔也想，一辈子"如临深渊、如履薄冰"，也挺悲催的。

欲学为文，当扫荡一副旧习，赤地新立。将前此所业荡然若丧其所有，乃始别有一番文境。（与刘霞仙）（启超按：此又不惟学文为然也。）

　　为文之道，只有两个字：创新。

　　其实很难。

　　难在创新之前，要"扫荡一副旧习"，空地盖房子。

　　对一个作家来说，从小读鲁郭茅巴老曹、卡夫卡、托尔斯泰，前人影响深入骨髓，一旦要把它们全扔进垃圾堆，是一件剥皮剔骨的事。

　　读万卷书、行万里路，这只是作家的初阶。清万卷书、醒万里路，这也仅仅是作家的进阶，不能清空，就谈不上下一步的创造，谈不上写作。在清空的基础上，长出一棵草，开出一朵花，前无古人，后难有来者，这是作家的进阶。

　　以此标准来看，中国当代作家有几个？

　　以此标准来看，中国当代企业家有几个？

吾乡数人均有薄名，尚在中年，正可圣可狂之际；惟当兢兢业业，互相箴规，不特不宜自是，并不宜过于奖许，长朋友自是之心。彼此恒以过相砭，以善相养，千里同心，庶不终为小人之归。

（复李希庵）

所谓读书人的中年危机，不是中年皆油腻，而是中年正处在一个岔路口，既可以往上走，会当凌绝顶，也可以往下出溜，成为一枚油腻猥琐中年男（正可圣可狂之际）。在这个人生关键点上，曾国藩说，好朋友之间，不是互相抬轿子、互相让对方爽，而是互相挑刺、互相督促，一起做个好人。

"庶不终为小人之归"，人生一世，不一定成为一个不朽的圣人（不朽有命有运的成分），能不成为一个油腻的小人，就是相当圆满。

敬以持躬，恕以待人。敬则小心翼翼，事无巨细，皆不敢忽。恕则常留余地以处人，功不独居，过不推诿。（与鲍春霆）

敬，对自己严；恕，对别人宽。

为人处世，唯此二字。

吾辈互相砥砺，要当以声闻过情为切戒。（与李希庵）

声闻过情，名声超过实情。

名过其实，在曾国藩眼里，是大忌。盛名之下其实难副，名过其实，时间长了，人会被名压死，会被其他人嫉妒死或者被人找到名实不符的地方嘲笑死。

今不如古，人心不古。如今，有名就有经济利益，名过其实，在现在很多人眼里，是求之不得的好事。能挣一天钱就是一天钱，明天之后，哪管洪水滔天。成名要趁早，大家都着急。偶尔看看这些急吼吼的趁早成名人的作品，心中呵呵，无真知灼见，无天地大美，这样急出来的名声，如梦幻泡影，如雾如电。

自古大乱之世，必先变乱是非，然后政治颠倒，灾害从之。赏罚之任，视乎权位，有得行，有不得行。至于维持是非之公，则吾辈皆有不可辞之任。顾亭林所称"匹夫与有责焉"者也。（与沈幼丹）

顾炎武的这句名言，是一句长期被误读的话。"天下兴亡，匹夫有责"只是后半句，全句是"国家兴亡，肉食者谋之；天下兴亡，匹夫有责"（保国者，其君其臣肉食者谋之；保天下者，匹夫之贱与有责焉而矣）。

两层意思，在曾国藩这里也很清晰：保国，是当官的人该做的事（赏罚之任，视乎权位），能保就保，保不了也没办法。保天下，是所有人，尤其是我们该做的事。什么是"天下"？不是紫禁城，不是疆域，不是政权，而是社会得以存在、没有沦为弱肉强食的动物世界的基本原则，"公道"——简简单单两个字，是与非。套用到现在这个时代，致富是对的，割韭菜是不对的。君子爱财，取之有道，应该给富人安全感，应该给穷人希望。

保国、保政权，是当权者、当官者的责任。在位，最重要的是赏罚；不在位，不谋其政，不必操那份儿心。

保天下、保社会、保文化，匹夫有责，特别是知识分子有责，意见领袖有责。

要做到"保"，最重要的是明辨是非。三观不容易统一，是非不容易分明，允许在一定范围内有不同观点和取舍，但是作为一个社会、一种文化，有些核心三观必须统一，有些基本是非必须分明。推动形成这种基本统一，是精英不可推卸的责任。

中国历次大乱，先乱的不是国，先乱的是天下人心。人心中的是非乱了套，然后乱的才是国，政治颠倒，最后是外部的灾害。两层内因，一股外因，终成乱世。

> 莅事以明字为第一要义。明有二：曰高明，曰精明。同一境，而登山者独见其远，乘城者独觉其旷。此高明之说也。同一物，而臆度者不如权衡之审，目巧者不如尺度之确。此精明之说也。凡高明者，欲降心抑志，以遽趋于平实，颇不易易。若能事事求精，轻重长短，一丝不差，则渐实矣；能实则渐平矣。（与吴翔冈）

这段话讲述了成事非常重要的一个元素：明。

第一要指出的是，在成事的诸多要素中，如果排除"命""运"等非自身要素，"明"是第一重要的元素。临事，"明"字为第一要义。现代汉语中和这个"明"字接近的词是"智慧"。

"明"字有两层意思：高明和精明。需要注意的是，这里的高明和精明与现代汉语常用的词义不同。

高明是指有大局观，能跳脱具体事物、具体人物、特定时代、特定心性，看到不变的规律、问题的核心、处理的原则，类似佛教中的"觉"。有了觉，超越了无明之苦，才能有戒、定、慧。能高明，能见山河之旷远、人心之顽固、世间之轮回，也就能降心抑志，窥见万事万物寂静涅槃的底色，也就渐渐归于平实。

精明是指有精密度，调查研究获取足够详尽的信息，不想当然，多方推理、反复论证，得出符合逻辑的结论，不拍脑袋。能事事求真、求精、求准，俯下身段，实事求是，从不"我以为"，从不走捷径，也就渐渐变得实在，也就渐渐归于平实。

大处着眼，小处着手，高明是大处着眼，精明是小处着手。做事没有真正的捷径，于高明和精明两个角度反复做实事，反复磨炼心性，就是捷径。

军事不可无悍鸷之气，而骄气即与之相连；不可无安详之气，而惰气即与之相连。有二气之利而无其害，有道君子尚难养得，况弁勇乎。（复胡宫保）

同治中兴四大名臣，曾胡左李，曾国藩和胡林翼关系最好。曾国藩在前方打仗，胡林翼在后方筹钱，长袖善舞，帮曾国藩摆平各种关系。

曾国藩这段话写给胡林翼，介绍自己的带兵经验：冲锋第一线，都是普通人，有缺点，无所谓。

成事难。成事要求的素质在很多时候是矛盾的，这种矛盾往往要靠长时间的修为和心性的磨炼去化解，去维持微妙的平衡。

比如，带兵打仗的人一定要有彪悍凶猛的气质，开疆拓土，攻城略地，杀伐决断，万马军中取上将首级，在求胜和得胜中汲取无穷快感和顶级荷尔蒙高潮。但是悍鸷之人，求胜得胜次数多了，难免有骄气，不知天高地厚，渐渐盲目自大。

带兵打仗的人一定要有安定从容的气质，才能长时间坚忍耐烦，协调各种复杂的关系。但是安详之人，平稳处事时间长了，往往会滋生惰气，安于现状，随遇而安。

又悍鸷又安详，又没有悍鸷和安详的弊端，对于有道君子都是难事，何况对于冲在一线的将士？

曾国藩自己似乎做到了二气并存、收放自如，但是这些矛盾还是在他心中双手互搏，他只享受了六十一年阳寿。

"敬"字、"恒"字二端,是彻始彻终工夫,鄙人生平欠此二字,至今老而无成,深自悔憾。(复葛睪山)

这句话本来是讲读书的,"吾辈读书,唯敬字恒字二端",梁启超去掉"读书"二字,这句话就变成了"修身"。敬、恒二字,的确不只适用于读书,也适用于做事,是隐在立言、立功背后的立德。敬,敬天悯人,尊重常识和积累,不走捷径。恒,在对的事儿上坚持投入时间和精力,几年、十几年、几十年如一日,不求速效。

立德、立言、立功三不朽。

实际上,曾国藩对自己一生的功业还是颇有自我认识的,不会"深自悔憾",但对读书,自认"老而无成",因为奔波于战场、官场,没时间。他在立德方面的建树集中在成事的方法论,他没留下什么千古文章和诗歌,他的家书和"嘉言钞"等也只是随时随地、就事论事地讨论"如何成事",他的立言是基于他的立德。功过盖棺难定,文章随风飞散,有杀人比他多很多的,有文章比他好很多的,曾国藩不朽在立德,是古往今来成事理论的第一人。

如果立志不朽,就要拿出一辈子的时间。读书、写书、做事、做人,都是一辈子的事。

心常用则活,不用则窒,如泉在地,不凿汲则不得甘醴,如玉在璞,不切磋则不成令器。(复邓寅皆)

心,既是心智(要思考,要挖掘),也是意志(要锻炼,要打磨)。

"用心"二字,最难。

脑力劳动也是劳动,一日不作,一日不食,和体力劳动类似。一个人习惯了繁重的脑力劳动之后,偶尔一两天不动脑子,也吃不好饭,也睡不好觉,甚至整个人恹恹的,没了活劲儿。人在骨子里有种很贱的东西存在,善护持。

习惯而且喜欢繁重脑力劳动的人,不要渴望退休。最幸福的是活到老、干到老,得志则行天下,修修事功,没准就不朽了呢;不得志则独善其身,读读书,喝喝酒,想写就写两笔,没准也就不朽了呢。

敬字惟无众寡、无小大、无敢慢三语最为切当。（复葛睪山）

这个"三无"出自《论语》（"君子无众寡、无小大、无敢慢"），是《论语》中经常被讲错的句子。

孔子的话是讲执政者/管理者（君子）怎样对待民众。民众中有多数派与少数派（众、寡），有实力小的与大的（小、大），有激进的与保守的（敢、慢），执政者/管理者应不被左右，一视同仁，没有差别心——大家都是人，本一不二。

曾国藩这里把"三无"的意思引申到"敬"上，待人待事待物，主观上没有喜厌的区别，小心谨慎，一道贯之。敬事，才能成事。

在协和，老教授们总强调：病人都是病人，都是人，都要一视同仁；病都是病，病都可能是大病，都要"如临深渊、如履薄冰"地去对待。这也是敬的一种应用。

趋时者博无识之喜,损有道之真。(与许仙屏)

不要赶时髦。

要揣摩不因时间流逝而变、不因空间转换而变的真、真理和大美。

变的是俗,不变的是道。

争取做个得道之人。

惟忘机可以消众机，惟懵懂可以被不祥。（复胡宫保）

机，心眼，心思。

每个人都是一个宇宙，一脑门子心眼和心思，一刻都不停止。

每个人的心思都不一样，同一个人不同时候的心思也可能不一样。

每个人的三观形成之后，因为基因的力量、原生家庭的影响、教育的积累，非常难被常规手段改变（洗脑等非常规降维攻击手段除外）。

作为一个想要成事的领导者，尊重以上事实，不要妄图改变每个人的想法，不要妄图在每件事儿上达成共识，更重要的是，甚至不要让不同人的不同心眼和心思（特别是那些负面的心思和心眼）影响到自己。

领导者身处高位，笃定不易，不去想周围人的心眼和心思，既然想也没用，那就索性不想。

忘机——忘记，把力气花在能使得出力气的地方。难得糊涂，吃得下，睡得着，老实最安全。绝大多数的心眼和心思会如浮云散去，绝大多数的矛盾和不祥会在置之不理的懵懂中消失。

军中阅历有年,益知天下事当于大处着眼,小处下手。陆氏但称先立乎其大者,若不辅以朱子"铢积寸累"工夫,则下梢全无把握。(致吴竹如)

南宋儒家两大宗师,陆九渊讲"立乎其大",朱熹讲"铢积寸累"。

曾国藩融合二人之言,"大处着眼,小处下手",是做事的不二法门。

如果只记曾国藩的一句话,就记"大处着眼,小处下手"。

如果只参曾国藩的一句话,就参"大处着眼,小处下手"。

前曾语阁下以"取人为善""与人为善"。大抵取诸人者,当在小处实处;与人者,当在大处空处。(复李申夫)

"与人为善",现在变成了成语,意思完全变了。我们还是要回到曾国藩的原意上。

这句话出自《孟子》,"取诸人以为善,是与人为善者也。故君子莫大乎与人为善。"君子,士大夫,执政者。执政者要做的最大的事,是带领老百姓向好的地方发展(与人为善)。要实现"与人为善",第一步,就是要总结、提炼、吸收老百姓的好经验、好想法(取诸人以为善),放在桌面上。绝大多数人认为是特别好的事儿、是特别向往的事儿,就应该是执政者最该推动的事儿。

总结、提炼老百姓的好的想法、做法,重心要落在小处、实处。说那些大话和空话、那些不可能错的话,不是犯懒就是犯坏。

做官如此,做管理也如此。

治心治身,理不必太多,知不可太杂,切身日日用得着的不过一两句,所谓守约也。(复李申夫)

大道理不用讲太多、太细,一两句日用家常话,切实遵行,足够了。

做人、做事、治军、治世都如此。

甚至审美领域也都如此。宋代顶级审美,无非简素和自然。

甚至教化人类也如此:第一,自己的事情自己做;第二,不给别人添麻烦;第三,多喝水。

贴金挂银、四书五经倒背如流的,绝大多数是骗子。

骄、惰未有不败者。勤字所以医惰，慎字所以医骄。此二字之先，须有一诚字，以立之本。（与李申夫）

总结成事公式：成事＝诚 × （勤＋慎）。

诚的意思是不欺，诚心正意。欺骗自己多了，最终会被自己欺骗；欺骗世界多了，最终会被世界抛弃。

在不欺骗的基础上，如果还想成事，那就只能谨慎自谦，不过分涉险，不过分满足，总觉得自己的修为还没登顶，心心念念，惴惴不安；那就只能勤苦耐劳，用尽笨功夫，绝不走捷径，把其他人吹牛、泡妞和吹牛泡妞的时间用来读书、行路、修行、做事。

大局日坏，吾辈不可不竭力支持，做一分算一分，在一日撑一日。（致沈幼丹）

诸事无常，诸法无我，大局不是某个个人能真正改变的，哪怕这个人是曾国藩这样几百年出一个的人物。大局日坏，曾国藩也没办法。但是，士不可不弘毅，虽然不做梦大局有根本改变、大清崛起，但也不撂挑子、转身就跑。大处着眼之后，黯然神伤，那就转头小处着手，有一分，做一分，能做一分，是一分。

局面不好，要扛住，要坚持，守土有责，一分一分地做。

如果很多人这么做，大局或许真的会渐渐变好，这也是无常中的有常。

收之欲其广,用之欲其慎。大抵有操守而无官气,多条理而少大言,本此四者以衡人,思过半矣。(致李黼堂)

第一句,用人之道。广收,慎用。

第二句,选人之道。做人有操守,行为无官气,做事多条理,说话少大言。

广收,要用时才有得可用,有得可用才有可能成大事。

但是,谁真的能委以重任,"托三尺之孤、寄千里之命",是个非常难以判断的事儿。偏科学一点的有智商测评、情商测评、关系商测评、基因测评,偏玄学一点的有面相学、星相学和《周易》,如果没工夫研读这些,就记住曾国藩说的这四条——有操守而无官气,多条理而少大言。

真正满足这四条的人,就是可以托付一辈子的人,一辈子有三四个这样的老哥、三四个这样的兄弟、三四个这样的老弟,就足够了。如果真能遇到这样的人,请千万珍惜,切切。

观人之道,以朴实廉介为质。有其质而更傅以他长,斯为可贵;无其质,则长处亦不足恃。(复方子白)

用人,现代管理学讲究:选、育、用、留,每个环节,都有很多的书可以读。如果没时间读,曾国藩这句提示重点:选、育、用、留,找质朴、踏实、廉洁、耿直的。

太花哨的、简历异常丰富的、整天蹦生僻词的、满嘴跑各种名人人名的,不要和他们在一起,让他们爱在哪里就在哪里。

人才,朴实、不贪是核心。有了核心,再有长处,可以用;没有核心,有长处也不能用。

他没有说的下半句是:只有朴实的核心,没有长处,没有好习惯,也不能用。做人本来就难,成事本来就难,成人的世界里本来就没有"容易"二字,除了长胖容易之外,哪有容易。

求才之道，须如白圭之治生，如鹰隼之击物，不得不休；又如蚨之有母，雉之有媒，以类相求，以气相引，庶几得一而可及其余。（复李黼堂）

治生，经商。白圭，列名《史记》的大商人，经济思想家，其经商名言是"人弃我取，人取我与"。

求才招人之道，一要眼光准（参照上两条），下手快，志在必得，出手必得，不得不罢休。二要抓住"关键人"，招到一个关键人，带来整个团队。

求才一事，是一把手工程。真正的人才，不见一把手，不和一把手情投意合，不会加入战队。一把手很容易就把自己的时间和精力耗光，但是一把手也可以做得很容易：管住三件事，三件事之外，天塌下来有高个子顶着。这三件事是：找人、找钱、定方向。找人是第一位的。

在左宗棠的询问下，曾国藩的弟弟曾国荃自述成功秘诀："爱才如命，挥金如土，杀人如麻。"深爱自己的一把手多而又多。想做到后两条的一把手很多，真正做到的一把手其实很少。能做到第一条"爱才如命"的一把手少而又少，以至于后世一直有一种说法，曾国荃当时根本没说过"爱才如命"，只说了"挥金如土，杀人如麻"。

凡沉疴在身，而人力可以自为主持者，约有二端：一曰以志帅气，一曰以静制动。人之疲怠不振，由于气弱，而志之强者，气亦为之稍变。如贪早睡，则强起以兴之。无聊赖，则端坐以凝之。此以志帅气之说也。久病虚怯，则时时有一畏死之见，憧扰于胸中，即魂梦亦不甚安恬。须将生前之名，身后之事，与一切妄念铲除净尽，自然有一种恬淡意味，而寂定之余，真阳自生。此以静制动之法也。（复李雨亭）（启超按：此问疾书也，摄生要诀，尽人皆当服膺。）

李宗羲因病休假，曾国藩写信慰问，教下属养病之法：第一要锻炼心志，早起、打坐；第二要去除妄念，别多想、别怕死——做个好领导不容易。团队成员的生老病死也要照顾。

没有机会细问梁启超在此处佩服曾国藩什么。两个非专业大夫讨论沉疴，一个估计不知道自己真的在说什么：什么是志？什么是气？什么是静？什么是动？志怎么帅气？静如何制动？另一个估计更不知道自己在说什么："摄生要诀，尽人皆当服膺"，凭什么服啊？

讨论中医容易出人命。姑且从我作为一个经典西医学生和经典禅宗学生的角度提取一些正见：人很容易觉得人生无聊，四岁的孩子都能慨叹"一日三餐百无聊赖"（亲耳反复听过），顺坡下驴，得过且过，晚睡晚起，无所事事，精神气儿很容易没了。"早起"是个解决办法，"打坐"或许浪费时光，如果天气好，可以出去跑十公里，如果天气不好，可以开两三个会或者读一本书。其他解决无聊的办法包括：追求立功和立言不朽，有个认真的爱好，无私奉献帮助他人，等等。至于"久病怕死"，怕到睡不好，这个需要正面劝导："真的猛士，敢于直面惨淡的人生，敢于正视淋漓的鲜血"，我可以很负责地说，真的猛士和假的猛士和所有的猛士，都会死的，请接受这个事实吧！你不愿意接受，这件事也会发生，怕也没用。睡不好觉简单，如果还有阅读的视力，请读一本相对难懂的经典；如果没有了阅读的视力，请静听风入松的次数、默数小母羊的数目。

这一切的前提是：解决沉疴。到底是什么病？到底有没有治？到底还能不能好？到底还能活多久？这几个问题不了解清楚，谈什么修心、养生、锻炼。

姑妄言之，姑妄听之。

> 吾辈读书人，大约失之笨拙，即当自安于拙，而以勤补之，以慎出之，不可弄巧卖智，而所误更甚。（复宋子久）

念过大学的，平时每天又爱看几页书的，自诩为读书人的，就要以油腻为耻、以卖弄为羞、以笨拙为本分。因此而有所失、有所缺，求仁得仁，读书人就该认命。

最多在安于笨拙的基础上，勤谨，比常人勤劳，比常人谨慎。

读书人，不是社会人，定义里有笨拙的底子。既然笨拙，安于笨拙，勤奋加谨慎，就好了。笨人耍聪明，更会误事。

平日非至稳之兵，必不可轻用险着；平日非至正之道，必不可轻用奇谋。（复胡宫保）

和胡林翼谈用兵打仗之道。

兵行险招，部队要一直扎实可靠才可以；军出奇谋，领导者要一直正大光明才可以。

在现实生活中，一直扎实可靠的部队几乎不可得，一直光明正大的领导者几乎没有。所以，没被逼到绝境，还是老老实实，不要心存侥幸，永远不用险着，永远不用奇谋。

治军以勤字为先,实阅历而知其不可易。未有平日不早起,而临敌忽能早起者;未有平日不习劳,而临敌忽能习劳者;未有平日不忍饥耐寒,而临敌忽能忍饥耐寒者。吾辈当共习勤劳,先之以愧厉,继之以痛惩。(复宋滋久)

练兵,"勤"是第一位,要从日常训练起。

第一步,上思想课,让他们知道不足、自己奋进(愧厉);第二步,上纪律课,业绩文化,要是不练,就用大棒(痛惩)。

曾国藩这句话,一定基于惨痛的教训而发。对于自己、小团队、大队伍,不要心存任何侥幸,平时做不到的,临敌也做不到——临敌更做不到。平时不能吃苦耐劳,战时更不行。所以,平时就是战时,不能拿"平时"当借口,每天必须早起、习劳、忍饥耐寒。

阅历世变，但觉除得人以外，无一事可恃。（复方子白）

人是第一位的，有人才能有事，得人才能干事。

世事无常，无常是常，听上去是老生常谈，在短时间里感觉还似乎不对。在很多激情燃烧的岁月，有很多猛人说过各种狠话，"笔补造化天无功""人定胜天"等等。但是，"无常是常"的规律常在，个人的作用渺小，有些似乎不在此规律里的个人也只是在各种合力下起到某些棋子的作用而已。以历史为尺度，绝大多数人是尘埃，以宇宙为尺度，我们都是尘埃。

阅历世变，在诸事无常、诸事不可控的前提下，渺小的个人如果想成事，能靠什么？只能靠人。人似乎最不可靠，似乎又是唯一能依靠的。

靠什么人？

靠自己，靠一个训练有素的自己，"大处着眼，小处着手，群居守口，独居守心"。

靠队伍，靠一个勤慎笨拙而有执行力的队伍，"有操守而无官气，多条理而少大言"。

大抵世之所以弥乱者,第一在黑白混淆,第二在君子愈让,小人愈妄。(复胡宫保)

世事变乱,是有征兆和步骤的。

第一个征兆,也是第一个步骤,是出现某些纯小人或者伪君子混淆黑白,指鹿为马。他们这么做的主要驱动力是浑水摸鱼、不劳而获、盗国自肥。

第二个征兆,也是第二个步骤,是君子集体失声、噤声,有可能是大环境不允许,更可能是君子承平日久、德高望重,不敢、不好意思、怕惹闲话,或者静等同辈其他人出头。

君子越退让,小人越狂妄。《论语》说"当仁不让"。精英(君子)要勇于出头,因为他们承担着引领社会的责任。

因为出头,精英(君子)被世人嘲讽、谩骂,乃至被放逐,乃至掉头颅,不是很正常的吗?

> 主气常静,客气常动。客气先盛而后衰,主气先微而后壮。故善用兵者,最喜为主,不喜为客。(复刘馨室、姚秋浦)

这句讲的是打仗,两军对阵,进攻的一方为"客",防卫的一方为"主"。

曾国藩喜欢打防守战,所以这么说。换成左宗棠,又是一种说法。

从做商业来讲,做自己熟悉的行业是"主",捞过界,做自己不熟悉的行业是客。真正做得了"主"的人,是非常了解行业本质的人,是一刻不停地洞察行业变化的人,是不舍昼夜挖宽"护城河"的人。"客人"来了,"主人"开始一定会害怕,等"客人"想不明白行业本质、跟不上行业变化、挣扎在"护城河"里之后,"主人"就有了主动权。

专从危难之际，默察朴拙之人，则几矣。（复姚秋浦）

老实和尚不老实，貌似忠厚的人其实内心鸡贼得很。

没有什么人的脑门上大写一个"渣"字，在确信和确定一个人的基本素质和靠谱程度之后，要察看其心性修为，还是要等重要节点——紧急关头、考验时刻、危难之际。

危难之际，朴拙之人最靠得住，聪明人会油腻，会撒谎，会逃跑。

剩下的朴拙之人，是一生的好伙伴，千万珍惜。

信只不说假话耳,然却极难,吾辈当从此一字下手。今日说定之话,明日勿因小利害而变。(复李少荃)

这句话很简单,但很有意味,放在晚清的历史大背景里,让人慨叹,因为这句话是说给李鸿章听的。

曾胡左李,中兴四大名臣。曾国藩和李鸿章之间,先是上下级,后是师友,然后是同事。两人都是翰林,既饱读诗书,又带兵打仗,有理论有实践,能密谋能周旋,以上级和老师的身份,曾国藩教给李鸿章的,却是大白话:讲信用,不说假话,极难!

为什么曾国藩要教育李鸿章这个"大道理"?

一、李鸿章太聪明。聪明的人容易机巧、权变,有利益就占,讲信用却是个笨功夫。

二、李鸿章办外交。中国近代的外交事务,实力不如人,遭受百般屈辱,李鸿章身在其中,深谙三昧。但外交的核心,一方面讲实力,另一方面讲信用。

弱国也有外交。实力不如人,更要讲信用;不是"你弱你更有理",而是"弱者更要讲理",讲道理,讲信用,不说假话,遵守规则,遵守合同。弱者不讲理,说假话,不讲信用,损失更大,承受不起。

李鸿章是得到国际社会承认的外交家。中国近代，另一个得到国际承认的外交家是曾纪泽，曾国藩的儿子。办外交，讲信用、不说假话而已。

办外交，如此；做人，做事，做生意，如此。

我在一个叫麦肯锡的管理咨询公司做了近十年。如果用大实话讲，这个公司的商业模式是一小撮极其聪明、教育背景极好的人服务于大公司的CEO们，让这些大公司更大更强更牛，同时让这一小撮人解决商业问题的功力在极短的时间内迅速提升并过上体面的生活。麦肯锡管理极度扁平，各个合伙人共用管理平台，有很大的自主权。这种商业模式最重要的基石是"信任"——CEO们对于麦肯锡合伙人的信任，合伙人之间的信任，合伙人和项目团队经理、咨询顾问之间的信任，咨询团队成员之间的信任。"信任"极难建立，极其容易被破坏，特别是CEO和合伙人之间的信任。

关于信任，麦肯锡有个公式：

信任 =（可信度 × 可靠度 × 可亲度）/ 自私度

可信度：这个人（及其团队及其能调动的资源）是不是这方面的顶级专家？

可靠度：这个人（及其团队及其能调动的资源）是不是全身心扑在这个项目上？是不是能够保质保量、按时按价把答应的事情完成？

可亲度：这个人（及其团队及其能调动的资源）是不是和我很亲近？没具体事儿、没具体生意的时候，我愿意不愿意见他？愿意不愿意和他喝杯茶、喝杯酒？

自私度：在多大程度上，这个人（及其团队及其能调动的资源）会把自己的利益放在我的利益之前？

这个人（及其团队及其能调动的资源）的可信度、可靠度、可亲度越大，自私度越小，能获得的信任就越大。

中国历史漫长，但是充满起伏轮回，相比诚信，更推崇权谋，"成王败寇"，不计来世甚至后半生，先计当前和眼下，不计手段，只图结果，不顾真假，在乱世和末世尤甚。

在我眼里，曾国藩最了不起的是在风雨飘摇的晚清还能反复强调诚信的至关重要，还能以身作则。从这点看，成事之神曾国藩还是坚信，诚信是成事的第一要素。

曾国藩在潜意识里把麦肯锡的诚信公式简化成了："信，只不说假话耳。"还强调，就这么一个"不说假话",也是"极难",常常"今日说定之话,明日因小利害而变"。而且,这句话还是和李鸿章说的。

唉。唉。唉。

爱民乃行军第一义，须日日三令五申，视为性命根本之事，毋视为要结粉饰之文。（复李少荃）

爱民，不仅是行军第一义，更是行医第一义，更是管理第一义，更是行政第一义。

词气宜和婉，意思宜肫诚，不可误认简傲为风骨。风骨者，内足自立、外无所求之谓，非傲慢之谓也。（复李少荃）

这句话意思很简单：好好说话，真诚表达。风骨不是外在的傲慢，而是内在的自立自足。

有风骨的人从来就不多，到了末世就更少。真正有风骨的人是有骨头的人，正确而坚硬的三观、正确而坚挺的底线，内足自立。但是，这些骨头都在里头，骨头的外边有肉、有衣冠，不是摆在头上、长在嘴上，不是时时能见，事事能见。

末世常会看到一些似乎有风骨的人，一眼望去全身都披挂着骨头，可惜的是，骨头里面都是软软的肉。挂在外边的骨头是为了端个架子，立个人设，邀个名声。用名利一试，人设崩塌，骨散一地，就是一团油腻的肉。

真正有风骨的人理解轮回，立如松，风入松，不去艳羡别人起高楼，不去死盯街上霓虹灯、标语和广告牌，微微闭上眼，松声静听如海。

养身之道,以"君逸臣劳"四字为要。省思虑,除烦恼,二者皆所以清心,君逸之谓也。行步常勤,筋骨常动,臣劳之谓也。(复李希庵)

曾国藩讲养生,也是大实话:少操心,少纠结,少烦恼;多走路,多健身,多运动。

成事有很多理论,但是所有理论都有一个前提:精力旺盛,精力过人,精力持久。真正的精英都是精力上的超人,没有体力和脑力奢谈什么做事和成事?不能吃苦耐劳内心强大到混蛋,奢谈什么带千军万马走过雪山和草地、走过一个又一个经济周期?

心神是君,胴体是臣,如果做到累身不累心,再怎么累,也累不垮,甚至还很快乐。

曾国藩这句话说得容易做起来难。日理万机、以开会为主要运动的阿尔法人类过了四十岁之后,能保持BMI(身体质量指数)指数在二十以下、能穿大学毕业时候的牛仔裤的,百无一人;能血糖、血压、血脂都不高的,千无一人;能一年三百六十五天、天天安眠的,万无一人。

我观察到的行之有效的简单方法——

"省思虑，除烦恼"：少看手机，把平均每天看手机的时间控制在四个小时之内，省出来的时间，读书、思考、喝酒、聊天、发呆。

"行步常勤，筋骨常动"：一周至少集中锻炼两次，每次一个小时，约饭约在三公里以内，饭前疾走去餐厅，饭后疾走回住处。

用兵之道，最重自立，不贵求人。驭将之道，最贵推诚，不贵权术。（复李少荃）

又是写给李鸿章的。在曾国藩心里，是多担心李鸿章忍不住本性、犯鸡贼的毛病啊？

做事情，最重要的是自己做，不求人。

带团队，最重要的是诚实、诚信、诚心，不要权术。权术者，公司政治也，办公室政治也，挑动阿甲斗阿乙也。

其实做人也一样，如果讲做人第一个基本原则，就是：自己的事情自己做。如果讲做人第二个基本原则，就是：不给别人添没必要的麻烦。

能做到这两条基本原则的人，无论贫贱美丑，就是一个合格的人。如果在此基础上再能做到"勤慎"两字，就是人才；如果再能做到"大处着眼、小处着手"，就是人杰。反之，如果这两个做人的基本原则都做不到，哪怕智商、情商再高，哪怕腰再细、胸再大，也是人渣。

如果万事需要三点，那做人的第三个基本原则，每个人可以根据自身特点为自己确定。

吾辈位高望重，他人不敢指摘，惟当奉方寸如严师，畏天理如刑罚，庶几刻刻敬惮。（复李希庵）

身在高位，没人敢批评，怎么办？

一、听从内心（方寸）；二、敬畏星空（天理）。

康德说：有两件事物我愈是思考愈觉神奇，心中也愈充满敬畏，那就是头顶上的星空与内心的道德准则。

曾国藩与康德，一中一西，一个是政治家，一个是哲学家，伟大的人思考着同样的问题。

如果真成了一些事儿，渐渐位高权重、晋升全球富豪榜、跻身当代史，甚至可以觊觎不朽，更要敬天悯人。自心觉得不妥的，自心判定天理不容的，哪怕非常想做，哪怕被惩罚的可能性非常小，也绝不能做。

这么坚持一辈子，成事、成大事的可能性激增，立德立言立功三不朽的可能性激增。

> 凡办一事，必有许多艰难波折，吾辈总以诚心求之，虚心处之。心诚则志专而气足，千磨百折，而不改其常度，终有顺理成章之一日。心虚则不动客气，不挟私见，终可为人共亮。（与程尚斋）

这段话里出现了"诚心、心诚"，"虚心、心虚"，这都是曾国藩爱讲的词。

诚心，就是"一心"；虚心，就是"无心"。

做事情，一向挺难。第一，诚心（一心）做事，是为了做成这个事，而不是为了钱，为了名，为了美女；不是初心做共享单车，转身去做互联网金融；不是今天做川菜不成，明天就去做天妇罗。

第二，虚心（无心）做事，是和大家一起做事，不固执，不独狼，不傲慢，不带成见、私心，不要小心眼，有福大家享，有事会上吵。

抱着这两个心做事情，不中途换车道，不抄近道，肯定会有"许多艰难波折"，但成功的概率更大。能做到这两个心，时间才能真正成为我们的朋友，坚持得越久，成功的概率越大。

大抵任事之人，断不能有誉而无毁，有恩而无怨。自修者，但求大闲不逾，不可因讥议而馁沉毅之气。衡人者，但求一长可取，不可因微瑕而弃有用之材。苟于峣峣者过事苛责，则庸庸者反得幸全。（致悚次山）

既然埋头做事，就会惹人说闲话。事做得越大，说闲话人的绝对数就越多，说的闲话就越难听。现在互联网和智能手机普及，当个"键盘侠"超级容易，闲话就超级多，特别是负面的、武断的、莫须有的、上纲上线的闲话超级多。

面对闲话——

第一，对自己：守住底线（大闲不逾。闲，栅栏），随便他们说，"关我屁事"。

第二，对下属：用人长处，别管他们的小节，别管他人递的小话，别搭理办公室的风言风语，"关你屁事"。

换一个角度，如果一个做事的人完全没有负面闲话，完全没有抱怨他的人，"人人都说爱他"，反而要小心。第一，要小心这是一个伪善之人；第二，要小心这是一个能控制舆情的人；第三，要小心这是一个性格懦弱的老好人。

如果总用没有风言风语的人，十几年下来，很可能用的都是庸才。

事会相薄，变化乘除，吾尝举功业之成败、名誉之优劣、文章之工拙，概以付之运气一囊之中，久而弥自信其说之不可易也。然吾辈自尽之道，则当与彼赌乾坤于俄顷，校殿最于锱铢，终不令囊独胜而吾独败。（复郭筠仙）

这段话长而啰唆，一言以蔽之：怎样看待运气？

一、事情成败，全靠运气。

二、和运气对赌。

事情成败，全靠运气，不意味着不做事。做事的实质，就是赌运气。

运气是甲方，做事的人是乙方。只有一直和运气对赌，不离场，才有赢得运气的机会。努力做事，就是努力争取天上掉馅饼的概率。做宅男，躺在床上打游戏，床上有屋，即使馅饼纷纷落，也是落到匆忙奔波的路人头上。

虽然啰唆，但是说得精妙，三观端正。

第一，尽管残忍，但是不得不承认，所有大事成败的第一要素是"命"。古人总结成功十大要素：一命二运三风水，四积阴德五读书，六名七相八敬神，九交贵人十养生。前三个要素都不涉及个人努力，第一个要素就是"命"。难怪历史上很多个昏君亡国的时候，总找借口："不是我，是天。"

这些几乎被天定的大事涵盖一切：功名利禄，甚至文章的好坏。从这个角度看，立功立名似乎都是看天吃饭。

第二，既然如此，那就把这些大事的成败都交给命，命由天定，和自己无关。时间长了，心安理得，实在是太舒服了。

第三，如果没有第三，就是俗人了，就不是成事的人了。我们是要成事的人，我们要自我完善，我们要增加自己成功的机会，我们不会躺在天命上面束手就擒。这样，我们偶尔也能和天命搏一把，在一瞬间分出胜负。连续搏到生命尽头，我想天命不会总胜、我们不会总败。

大非易辨，似是之非难辨。窃谓居高位者，以知人、晓事二者为职。知人诚不易学，晓事则可以阅历黾勉得之。晓事，则无论同己异己，均可徐徐开悟，以冀和衷。不晓事，则挟私固谬，秉公亦谬，小人固谬，君子亦谬，乡原固谬，狂狷亦谬。重以不知人，则终古相背而驰，决非和协之理。故恒言以分别君子、小人为要，而鄙论则谓天下无一成不变之君子，无一成不变之小人。今日能知人能晓事，则为君子；明日不知人不晓事，即为小人。寅刻公正光明，则为君子；卯刻偏私晻暧，即为小人。故群誉群毁之所在，下走常穆然深念，不敢附和。（复郭筠仙）

这段话，讲的是管理的艺术。

总体来说，管理学很难，尽管某些相关学科已经在一定程度上成了科学（经济学、金融学等），管理学作为整体还是一门艺术，管理人员（特别是高级管理人员）和诗人一样，在可预见的未来，还很难被AI取代。

在曾国藩看来，管理学的难度有几个层次：

第一，一切皆模糊。大是大非容易辨，但是似是而非难辨。而在成人的真实世界里，绝大多数管理决策似是而非、似非而是，绝大多数人似奸而忠、似忠而奸。每个成年人做任何事情，都能找出借口和理由，每件成年人做出的事情，都能从不同角度去解读。

第二，知人最难。只面试半个小时，怎么知道这个被面试的人能否胜任某个工作？怎么知道他有潜力成为十年后的领袖？平时老实勤谨，怎么知道在危时、关键时此人还是能老实勤谨？怎么知道此人在连续胜利后能继续老实勤谨？怎么知道此人在手握重权后不起杀心？

第三，晓事也难，但是比知人容易一点点。两难择其轻，晓事是更好的着力点。努力多读书（比如《资治通鉴》），努力多做事，阅历多了，徐徐开悟，也就多少明白事儿了，商业判断也就多少平和公允了。

第四，不晓事，君子也没用。错就是错，好人也做错事："挟私固谬，秉公亦谬，小人固谬，君子亦谬，乡原固谬，狂狷亦谬。"

第五，对事不对人。综合第三和第四，还是以对事不对人为妥，以成事为第一。先别忙着定某人是君子还是小人，没有一成不变的小人也没有一成不变的君子。简单处理，看人先看事儿，看他成事的能力："今日能知人能晓事，则为君子；明日不知人不晓事，即为小人；寅刻公正光明，则为君子；卯刻偏私晻暧，即为小人。"

以上五点推演之后，曾国藩开始群居守口，遇上大家一致夸某人或者一致骂某人,绝不附和。

居高位者,做管理的人,职责就是两个:第一,知人善用;第二,懂得做事的规则和逻辑(晓事)。"晓事",更是管理的根本——不讲规则,不讲逻辑,无论怎么做事,都是错。能够做到这两点,就是好的管理者(君子);做不到,就是坏的管理者(小人)。但今天能做到,明天可能就做不到;早上的董事会上能做到,下午到工地可能就做不到。

曾国藩对于"居高位者",可谓深有体会——大是大非,黑白分明;但黑白分明的事是少数,实际发生的事情更多处于灰色领域,实际做事的人面对诸多困境,是非成败,都在变化。

在成事这个领域里,我在很大程度上认同曾国藩所有重要观点。针对这第一段话,我也理解曾国藩的苦衷,知人难,人心变得快,老实和尚不老实,正人君子办傻事(连续办傻事),特别是在末世。但是,我还是反对他的这个观点。此观点突破了他成事方法论的底线,是他的污点。

我还是坚定地认为:人先于事,宁用朴拙君子,不用聪颖小人。当然要有业绩文化,但是更要先讲价值观文化:业绩不向辛苦低头，价值观不向业绩低头。否则，一个团队里必然有相当比例的小人。小人不惜使用降维攻击，业绩文化越强，小人使用降维攻击的可能性越大，小人胜出君子的概率越大，小人在团队高层中的比例越大。这样的团队，成就的事功越来越大，控制的难度也越来越大。战车被能干的小人们绑架，时间变成我们的敌人，翻车的风险与日俱增。

在末世，成事的人容易求速效、看短期，容易忽略对于朴拙君子的培养，容易向聪颖小人和降维攻击低头。这种心态和实践也加速了末世的败亡，曾胡左李的晚清中兴之后，再也没出现像样的成事人，大清很快就在内忧外患中烟消云散。

这条用人原则或许对曾国藩去世之后晚清的速朽做出了重要贡献。

> 国藩昔在湖南、江西，几于通国不能相容。六七年间，浩然不欲复闻世事。然造端过大，本以不顾死生自命，宁当更问毁誉？以拙进而以巧退，以忠义劝人而以苟且自全，即魂魄犹有余羞，是以戊午复出，誓不返顾。（复郭筠仙）

成事不易，修炼成一个能成事的人更难。一个能成事的人想成大事，还是要经过九九八十一难，在不朽的路上九死一生。

曾国藩早期打仗，屡战屡败，被人骂死；中期也想过退出，沧海一声笑，不问天下事，但自己已经把这么多人忽悠起来了，怎么好意思走？当时起兵的初心是不贪财不怕死，死都不怕，还怕什么被人骂？本来不是投机取巧的人，不是苟且自全的人，如果苟且巧退，看着被忽悠起来的人为了忠义冲锋陷阵，丢不起人啊。丢不起人，做不到，只有继续干下去，不走回头路。

"魂魄犹有余羞"！这不是"想起一生中后悔的事，梅花便落满了南山"的诗意，而是任重道远、誓不返顾的决绝。前面是必然的辱骂和很可能的死亡，后面是老婆孩子热炕头，一个修炼成了的成事人，还能一往无前，除了对成事方法论的谙熟、对不朽的渴望，内心最深处还得有一股蛮荒之力。这股蛮荒之力要靠基因、靠命里有，靠念这本书不行，靠念什么书都不行。

今天，知道"魂魄犹有余羞"，丢不起人，几人能做到？

以勤为本,以诚辅之。勤则虽柔必强,虽愚必明。诚则金石可穿,鬼神可格。(复陈舫仙)

做事情,一要勤奋,二要诚心/专心/一心。

只要能勤诚朴谨,不怕性格柔弱,不怕智力愚钝,必然能够成事,鬼神都会被感动,会帮你。

老话了,类似的意思本书都强调好几遍了,但是,几人能做到?

逆亿命数是一薄德，读书人犯此弊者最多，聪明而运蹇者，厥弊尤深。凡病在根本者，贵于内外交养。养内之道，第一将此心放在太平地，久久自有功效。（与李眉生）

一命二运三风水，这是老天注定的。老天最大，作为凡人，别瞎猜（逆亿），别多想，别纠结。

此心放在太平地，放下心，端正身，去做事，命中该有的就会有，不该有的不强求。

简单说，修炼成事这门功夫的人，如果屡屡不成大事，也就别总求能成大事，一日劳作一日食，欢喜不尽。

坚其志，苦其心，勤其力，事无大小，必有所成。（与李幼泉）

这是普通话，老套话，做起来难。

养生与力学,皆从"有恒"做出,故古人以"有恒"为作圣之基。(复陈松生)

无论养生,还是做学问,贵在坚持。

换到现时代,无论健身,还是创业,贵在坚持。

反过来也一样。病人吃药没效果的最大原因是"不遵医嘱",无恒,不按时、按量吃药,不该停药就停药。成事人创业失败最大原因是"没耐心",无恒,不尊重商业规律,不耐心营造商业模式,不以孜孜以求经营现金流为正,一直醉心于讲故事,忽悠一轮一轮融资。

若遇棘手之际,请从"耐烦"二字痛下工夫。(致李宫保)

"耐烦"二字,是做事的首要修养,做任何事的首要修养。既然要成事,就要做事。做事哪有不烦的,既然要做事,就要耐烦。

曾国藩也在其他很多场合里说:居官以耐烦为第一要义,带勇亦然。

理学家讲"功夫",功夫不是一日可得,是一辈子做事修炼出来的。

用兵之道,最忌势穷力竭。力,则指将士之精力言之。势,则指大计大局,及粮饷之接续、人才之可继言之。(致李宫保)

这一句,讲透了势、力二字。

势,是全局,是计划的前瞻性和人力、物力的可持续性。对于势,带兵打仗的人需要估算的是,有否取胜的可能?有多少可能?手上的现金还够烧多少个月?不影响最重要战略目的的前提下,节流到骨头,手上的现金还够烧多少个月?多少核心管理人员会走?到底需要多少核心管理人员?还需要补充多少?还能不能找到替手?

力,是实战,是团队在执行战略中解决问题的能力和动力。面对一个战略目标,一个团队能不能达到,有三个关键问题:让不让干?想不想干?有没有能力干?其实还有一个关键问题是:团队还有没有心气儿和精力干?

势穷力竭,用兵大忌。本来已经有战略上的胜算,本来团队已经有能力、有动力、有授权去干,但是现金流断了,团队太累了,痛失好局。

阁下此时所处,极人世艰苦之境,宜以宽字自养。能勉宅其心于宽泰之域,俾身体不就孱弱,志气不至摧颓,而后从容以求出险之方。(致陈舫仙)

朋友身处困境,怎么办?曾国藩给出的解药是"心宽"。

心宽的好处:第一,保持好身体;第二,保存好心气。有身体才有本钱,有心气才有斗志,然后再找脱困之法。

心宽之后,时间就是我们的朋友,时间会给我们做事的机会。

事功之成否，人力居其三，天命居其七。（复刘霞仙）

有一首早期的励志歌曲《爱拼才会赢》里唱："三分天注定，七分靠打拼。"

曾国藩实话实说，不励志：七分天注定，三分靠打拼。

现实往往是残酷的，认清现实的残酷，不容易开心，但是也不容易幻灭。这样，比犯傻强。

外境之迕,未可滞虑,置而遣之,终履夷涂。(致陈碧帆)

曾国藩讲的"内外",很多是以"心"为界。"修心",是件挺复杂的事。曾国藩的这句简单的话,值得细说一下。

"外境之迕,未可滞虑",身上的不顺心的事,不要放在心里翻来覆去地纠结。"置而遣之,终履夷涂",放在心里,心里明白,知道这个事的存在,然后,把它放走,扔了,不焦虑,事情就会走上顺利解决的路。

简单说就是,有事在身不在心,按照做事的逻辑就可以解决它。

"见了便做,做了便放下,了了有何不了;慧生于觉,觉生于自在,生生还是无生。"天要下雨,娘要嫁人,我还能不呼吸了?我还能没有娘了?

君子有高世独立之志,而不予人以易窥,有藐万乘却三军之气,而未尝轻于一发。(致王少鹤)

这话说得文雅,若说得不雅,就是"牛在心里,一不要装,二不要吹"。

成大事儿的人不必把"志在不朽""经世济民"放在嘴上,否则惹出很多闲话,徒添烦恼;不必有气就生、有架就打,留着"藐万乘却三军"的斗志去"不朽"、去"经世济民"。

凡道理不可说得太高，太高则近于矫，近于伪。吾与僚友相勉，但求其不晏起、不撒谎二事，虽最浅近而已大有益于身心矣。（复杨芋庵）

做CEO，不要天天讲情怀，不要忽悠。整天不动脑子讲那些放之四海而皆准的话，就是矫情，就是虚伪，就是没有真知灼见。那些不可能错的话，就是标准的废话。

曾国藩是个实在的CEO，只要求下属"一不睡懒觉，二不撒谎"——不知道这两个小要求，在如今的职场，是不是高要求了？

扪心自问，自己能做到吗？周围和你共事的人里几个人能做到？

君子欲有所树立，必自不妄求人知始。（与张缄瓶）

"妄求人知"，想出名想疯了，四处递名片混圈子。

成大事的人，开始干事的时候，民众不知道他要干什么、为什么干、能不能干，是再正常不过的事。

成大事的人，按英文讲就是：The best, the few, the proud（最棒的、极少数的、内心真正骄傲的）。如果谁都知道，AI 都可以做，要那些辛辛苦苦训练有素的成大事的人做什么？

危险之际，爱而从之者，或有一二，畏而从之，则无其事也。
（与李次青）

这句是大白话，表面的意思容易明白，但其中的道理，不容易明白。

表面意思：一个成功的CEO，会有两类下属，一类是出于"爱"，被CEO的人格、魅力征服；一类是出于"畏"，被CEO的权力和利益笼络。危难之际，出于"爱"的下属中，十有一二，可以共患难；出于"畏"的下属中，没有一个。

深层道理：不要对人性要求太高，共患难、共进退的人，有2.5%~5%就很不错了。

趋利避害是深层人性，是改变不了的，也不要抱怨，更不要试图改变。树倒猢狲散，大难临头各自飞。危险之际，环顾四下，所有人都跑了，是正常现象。

那些不走的极少数人，是有性情的人。激励这些人，靠的不是钱，靠的是事，是一起做大事的苦与乐，是一起做大事的成就感，是长时间一起做大事的兄弟情和温暖感。

"我们一起有过好时光。"（We had good time together.）人生一世，起点都是"哇"的一声坠地，终点都是"唉"的一声离世，生不带来，死不带去，中间的构成就是时间。性情中人才明白，人生没有终极意义。如果有些意义，就是那些过程中的好时光。

这似乎是个悖论：成事的人中，特别是成大事的人中，性情中人比例奇高。

> 我辈办事，成败听之于天，毁誉听之于人，惟在己之规模气象，则我有可以自主者，亦曰不随众人之喜惧为喜惧耳。（与李次青）

是非审之于我，成败听之于天，毁誉听之于人。

真英雄不必武夫。曾国藩的大丈夫、真豪杰气概，这一句话表露无遗。不需解释，默诵而已。

平日千言万语，千算万计，而得失仍只争临阵须臾之顷。（复胡宫保）

沙盘推演，说一千道一万，百般算计，但实战的时候，胜负只在一瞬间。

沙盘推演再好，须臾间常常没用。日常实战演练再好，须臾间也常常没用。须臾间，极小概率下，还是要倾力一搏，然后听天由命。

立法不难，行法为难，以后总求实实行之，且常常行之。应事接物时，须从人情物理中之极粗极浅处着眼，莫从深处细处看。（与李申夫）

两层意思。

第一层，规则。建立规则容易，执行规则难；规则建立后，要扎扎实实地执行，不间断地执行。

第二层，人情。做事要落实到具体，应事接物，揣摩人心，宜粗不宜细，宜浅不宜深——别考验人性，考验人性的人都输了；别想太多，也不需要知道那么多，能长时间做到最基本的，就已经很不错了。

现在的公司，都有各种章程。实际上，立章程是一回事，按章程办事是一回事，章程的人性化，又是一回事。

隔一年，最好再梳理一遍章程，做做减法，没减掉的，落到实处，切实执行。

先哲称利不什不变法,吾谓人不什不易旧。(复陈作梅)

没有十倍的利益,不需改革制度;没有十倍的人才储备,或者新人没有好过旧人十倍,不要汰换旧人。

这个话偏保守主义,也从一个侧面体现了两个残酷的事实:从长期看,真正能变的"法"并不多,真正能更好用的人才并不多。

君子不恃千万人之谀颂,而畏一二有识之窃笑。(复郭意城)

前者,无所谓;后者,有所畏。

知我者,二三子。

因为有这二三子的存在,所以要朴拙勤慎,埋首任事,不走捷径,不求虚名。

> 古人患难忧虞之际,正是德业长进之时,其功在于胸怀坦夷,其效在于身体康健。圣贤之所以为圣,佛家之所以成佛,所争皆在大难磨折之日,将此心放得宽,养得灵,有活泼泼之胸襟,有坦荡荡之意境,则身体虽有外感,必不至于内伤。(复陈舫仙)

全是白话,确实至理。如何对待逆境忧患,说得清清楚楚。

第一,把逆境当成机会,不是逢低抄底的机会,而是修心的机会。修好了,本事、见识提升几个层级,未来机会稍稍再现,成事人凭新修炼成的本事、见识直捣黄龙。

第二,从两个实点看修心的实效:是不是放得下?是不是身体没病?很多人嘴硬,还很爱骗自己,所以,是否真的放下了,也要看身体是不是没病,每天是不是睡得着、睡得香。

第三,如果真能做到放得下,真能逆境坦荡,外界起伏轮回不会对你造成巨大困扰,在有生之年,你成就大事的可能性激增。

小学时学过孟子的话,考试每次都考:"天将降大任于是人也,必先苦其心志,劳其筋骨,饿其体肤,空乏其身,行拂乱其所为,所以动心忍性,曾益其所不能。"听起来很有道理,背起来朗朗上口,可是谁都不愿意落在自己头上。

曾国藩的这段话与孟子的话类似,胜在更简单,更实在:心宽体健,没有内伤,自然成佛。

祸机之发，莫烈于猜忌。此古今之通病，坏国丧家亡人，皆猜忌之所致。《诗》称"不忮不求，何用不臧"，仆自省生平愆咎，不出忮、求二字。今已衰耄，旦夕入地，犹自憾拔除不尽。因环观当世之士大夫，及高位耆长，果能铲除此二字者，亦殊不多得也。忮、求二字，盖妾妇、穿窬兼而有之。自反既不能免此，亦遂怃然愧惧，不复敢道人之短。（复郭中丞）

"不忮不求，何用不臧？"

忮，对于别人的好、别人的收获，嫉妒。求，对于自己的好、自己的收获，着急。

嫉妒和贪心是人性，越能干的人，越难没有忮求。完全不嫉妒、不贪心的人，也难成事。成事的人，难免多于常人地被嫉妒和贪心困扰。如果看到一个能干的人没有忮求，这个人基本是一个成事的人。如果看到一个似乎能成事的人忮求，这个人很可能成不了事。

曾国藩修行一生，仍然不能从内心除去这两个字，吾辈当如何？

一、要努力。努力不是为了去除人性，而是为了守住底线。可以嫉妒，可以贪心，不能害人。

二、要宽容。对于他人的嫉妒和贪心，一笑置之，不要批判。

曾国藩自己也做不到扫除净尽。如果克治不了，至少保证，嫉妒但是不害人，贪求但是不走捷径。

成事，从来难。做个成事的人，一生成就无数，更难。

人才非困厄则不能激,非危心深虑则不能达。(复袁小午)

这句话其实以偏概全了。

是金子总会发光。是人才,无论何种处境,都会发达。

这句话的正确成分是:没经过困厄的人才,很可能遇上困厄会败象尽显,没有痛哭过长夜的人,不足以语人生。

家书

朱子言为学譬如熬肉，先须用猛火煮，然后用慢火温。予生平功夫，全未用猛火煮过。虽略有见识，乃是从悟境得来，偶用功，亦不过优游玩索已耳，如未沸之汤，遽用慢火，将愈煮愈不熟矣。

很有意思的话。朱熹说，做学问要猛火煮、慢火炖；曾国藩说，这些我都没经历过，我的学问都是悟出来的，偶尔用用功，只是当成玩罢了。

曾国藩是遗憾呢？是谦虚呢？还是骄傲呢？

再进一步想一下，梁启超为什么把这句话选为"家书篇"第一则？

梁启超的学问，同样不走寻常路，没有经过猛火慢火这些阶段，少年天才英姿勃发，青年到老年，左手做学问，右手搞政治，政治和学问互相提携，一直站在时代潮头，引领风尚三十年。

论"立言""立功"，曾国藩是旧时代的封印，梁启超是新时代的拓荒。单就学术的缜密深邃而言，二人也都被人讥为"空疏"，气象宏大，小错不断。

对于曾国藩的这段话，梁启超心有戚戚焉——"乃是从悟境得来，偶用功，亦不过优游玩索已耳。"关键在一个"悟"字！

成大事，第一要素是命；治大学问，第一要素是悟。如何能"悟"？才华 + 运气，用功只是锦上添花。用不用功，无所谓。

成大事，做大学问，开天辟地或者为往圣继绝学，曾国藩说得对。

成一般事，做一般学问，锦上添花，朱熹说得对。

用功譬若掘井,与其多掘数井而皆不及泉,何若老守一井,力求及泉,而用之不竭乎?

　　这个世界,有才华的人毕竟是极少数。芸芸大众,只有用功,老守一井,埋头往下挖。

　　我们自己以及我们目光所及的绝大多数人都是庸才,深深记得:安身立命,掘井及泉,自己养活自己,不给其他人添麻烦,胜过其他人间无数。

　　唉!

凡专一业之人，必有心得，亦必有疑义。

又是一句看似平常话。

这句的重点不在于"心得"，而在于"疑义"。

做任一行当，全身心投入，结局往往是爱上这个行当，情人眼里出西施，而能够跳脱出来思考，产生"疑义"，挺难。

更难的是，有了"疑义"，不强装大师，不故步自封，实事求是，草船借箭，用他山之石攻玉，因"疑义"而进一步钻研，因"疑义"而更上一层楼，真的成为大师。

士人第一要有志，第二要有识，第三要有恒。有志则不甘为下流，有识则知学问无尽，不敢以一得自足，有恒则断无不成之事，三者缺一不可。诸弟此时，惟有识不可骤几，有志有恒，则诸弟勉之而已。

第一，方向，向上的方向；

第二，见识，开阔的视野；

第三，毅力，坚持一个好习惯。

第二项，可以慢慢培养；第一项和第三项，要从小培养。

不要让孩子输在起跑线上，从第一、第三项开始吧。有志有恒，慢慢必然有识；有志有恒有识，必然是个能成大事的人——养成早起的习惯，比游学外国更切实。

那些连早起都做不到的孩子，将来能成事的可能性极小。那些连早起习惯都不能在孩子身上培养出来的父母，还是别奢谈孩子教育，还是别在这件事上浪费时间和金钱。

凡事皆贵专。心有所专宗，而博观他途，以扩其识，亦无不可；无所专宗，而见异思迁，此眩彼夺，则大不可。

做事，第一要专心。由专心而专业，然后跨界。

掘井及泉，然后再说其他。半瓶子晃荡，场面热闹，误导他人，耽误自己。

知道分子，一无是处。

君子之处顺境，兢兢焉常觉天之过厚于我，我当以所余补人之不足。君子之处啬境，亦兢兢焉常觉天之厚于我，非果厚也，以为较之尤啬者，而我固已厚矣。古人谓境地须看不如我者，此之谓也。

货比货，得扔。人比人，得死。

往下比，比较爽。顺的时候，往下看，从兜里掏出一些，补其他境遇不如自己的人。背的时候，也往下看，兜里有多少，就花多少，比自己兜里还少的人，有的是呢。

凡仁心之发，必一鼓作气，尽吾力之所能为，稍有转念，则疑心生，私心亦生。

人的天性，私心常有，爱心不常有。所以要抓住爱心闪现的一瞬，立刻去做，不犹豫——感动的时候就感动，就行动。

不需要"存爱心灭私心"，认识到人的自私本性，努力做一个好人，挺好。

至于其他反天性、不害人的心思，只要察觉到闪烁，也去行动吧。比如去跑十公里，比如开始读一本又厚又难读的书，比如少吃半只肘子。

荷道以躬，舆之以言。

这句话的意思是：一边做事，一边写文章教别人如何做事。

曾国藩是成事学的千古第一人，有理论，有实践，有才，有学，有识，有成，有败，有起伏，有轮回，有困扰，有心得。他还是一个传道者。

其实，古往今来的大成就者都是这样。立德、立功、立言，一边做事，一边唠叨，一边修炼着三观和方法论（"德"）。生前身后，事功、文章、三观和方法论哪个更加灿烂，那就要听天由命了。

孔丘是这样，司马迁是这样，苏东坡也是这样。

谁人可慢？何事可弛？弛事者无成，慢人者反尔。

不要怠慢他人。不要拖延做事。

不要欺负任何人，你也不知道他是谁，即使知道他是谁、他似乎可以欺负，也不能欺负。

不要拖延任何事。如果真想拖，告诉相关人：为什么要拖？拖到何时？别黑不提、白不提，妄图蒙混过去。

拖，一定不能成事。

慢，一定伤人——有些人喝酒之后易起怨念、嗔念，容易出口伤人，喝酒之后，手一定要远离手机。

德业之不常，日为物牵。尔之再食，曾未闻或愆？

这是曾国藩骂自己的话：道德学问的修行一再中断，你说是因外界干扰；你一再食言，没听说天上有雷吗？

——曾国藩天天强调"恒"，自己有时也做不到啦！

我们一天没做日课，一天不干活，一天不念书，一天不思考，就不怕劈我们的雷已经在路上了吗？

如果怕，再忙，也请继续修行，继续做，一日不停，一日不松懈。如果不怕，你再敢吃一顿饱的，你头顶上的雷一定会劈你的。

心欲其定,气欲其定,神欲其定,体欲其定。

一言以蔽之:安定,莫浮躁,莫东张西望。

心浮、气浮、神浮、体浮的时候,别玩手机了,别打电子游戏了,躲进图书馆、健身房、山林或者墓地,这些能帮你定定。

牢骚太甚者，其后必多抑塞。盖无故而怨天，则天必不许，无故而尤人，则人必不服，感应之理然也。

莫牢骚，莫抱怨。我们检讨，是为了能胜。

怨天，劈你的雷在路上；怨人，捅你的刀子在背后——这就是报应，自找的。

感应／报应，是封建迷信。曾国藩这句话，却是职场箴言。

遇到闹心的事，尽管违反人性，还是先找自己的问题。如果没有，再找；如果真没有，再找，直到找到。

> 功名之地,自古难居。人之好名,谁不如我?我有美名,则人必有受不美之名者,相形之际,盖难为情。

    人情世故,曾国藩真是明白人。权钱色,谁都想要,得到的人开心,这是人性,没得到的人失望,这也是人性。

    你做成了一件事,获得了名声利益、金钱美女/帅哥,那么,必然有失败的人失去了这些东西。他们说你点小话,捅你点小刀,理所应当,受着呗。

    洗洗更健康。在你自信心爆棚的时候,查查那些骂你的闲话,可以让你冷静一下。

    做大事,在不涉及底线的前提下,推功揽过。功劳是同伴儿们努力来的,是市场机会给的,是竞争对手太笨送的;过错是自己造成的,至少主要是自己造成的。

未习劳苦者,由渐而习,则日变月化,而迁善不知;若改之太骤,恐难期有恒。

每天劳苦一点点。

公司加班、工作加码,慢慢加,加成习惯就好了。

人有时候很贱。如果管理得当,人可以在辛苦劳作中获得很多快乐,连续三天没活儿干还难受,仿佛那些习惯了长跑的人,连续几个雾霾天,不能跑了,会难受得要死。

曾国藩也是洞察人性弱点,偶尔降维攻击。

古之成大事者,规模远大与综理密微,二者缺一不可。

既能做大规划,又能做小事情。

大处着眼,小处着手。能扫一室,也能扫天下。一等一的成事人,两手都要硬,缺一不可。

接人总宜以真心相向，不可常怀智术以相迎距。人以伪来，我以诚往，久之则伪者亦共趋于诚矣。

唐僧曾曰：以诚待人，即使对方是个纯混蛋，一直一片赤诚，也能感化他。如果他还是个混蛋，信不信，我们一起打败他？

设想最差的结局，如果在可接受范围之内，那么，以诚相待。没准儿对方幡然悔悟，成为好人，胜造七级浮屠。

如果不行，我们保持打败他以及保护我们自己的一切能力。

来书谓"兴会索然",此却大不可。凡人作一事,便须全副精神注在此事,首尾不懈,不可见异思迁,做这样想那样,坐这山望那山。人而无恒,终身一无所成。

说到做事,曾国藩的口头禅是:第一毅力,第二毅力,第三毅力。

人生当然无聊,这一点三岁小孩子都知道,人长大之后也没必要强调。成年人要想的是:如何让人生变得有聊一点?

答案是:做事,全神贯注地做事、多做事、持续地多做事,不知老之将至。

身体虽弱，却不宜过于爱惜。精神愈用则愈出，阳气愈提则愈盛。每日作事愈多，则夜间临睡愈快活。若存一爱惜精神的意思，将前将却，奄奄无气，决难成事。

身体与生俱来，身体很贱，太累，受不了；太闲，睡不着。睡觉是头等大事，与其闲，不如累。

成事的人，很可能没时间去旅游玩耍，只有工作、工作、工作。工作，就是健身，一不去健身房，二不吃安眠药，累得半死，一夜好眠。

脑力劳动也是劳动。一日不作，一日不食，做点脑力劳动，挣些钱财，养活自己，与人消灾。

不慌不忙，盈科后进，向后必有一番回甘滋味出来。

"盈科而后进，放乎四海"，出自《孟子》，水要先填满小河小沟，然后奔向大海。

现在是"透支年代"，每个人身上三五张信用卡，不仅出名要趁早，买房更要趁早，透支钱包、透支身体、透支情感、透支智商——不慌不忙、盈科后进，难！

反时代潮流而行之，从容些，专注些，慢些，不着急，不害怕，不要脸，向死而生，才是真对自己好。

吾自信亦笃实人，只为阅历世途，饱更事变，略参些机权作用，把自家学坏了；实则作用万不如人，徒惹人笑，教人怀憾，何益之有！近日忧居猛省，一味向平实处用心，将自家笃实的本质复我固有。贤弟此刻在外，亦急须将笃实复还，万不可走入机巧一路，日趋日下也。

老实人的自省。

偷奸耍滑、机巧权变，都是油腻。

人到中年，经历的世事越多，"偷鸡摸狗"的路数越多、越熟练，越发油腻，往下出溜。末世，全世界油腻，众人皆油腻，你总是不油腻，难免偶尔觉得吃亏，所以曾国藩这种一直修心的老实人，偶尔也油腻一下。但是老实人发现，自己内心的坎儿还是过不去，还是老实好。

在一个油腻的时代，在一群油腻的人周围，如何避免成为一个油腻的中年猥琐男？

从头开始，做个老实人。

强毅之气决不可无，然强毅与刚愎有别。古语云：自胜之谓强，曰强制，曰强恕，曰强为善，皆自胜之义也。如不惯早起而强之未明即起，不惯庄敬而强之坐尸立斋，不惯劳苦而强之与士卒同甘苦，强之勤劳不倦，是即强也。不惯有恒而强之贞恒，即毅也。舍此而求以客气胜人，是刚愎而已矣。二者相似，而其流相去霄壤，不可不察，不可不谨。

　　这段话区分"强毅"和"刚愎"，字字珠玑。

　　自胜，是强；对自己有高要求，是强。所谓强人，就是屡屡胜过自己的人。

　　盛气凌人、刚愎自用之人，是牛二。

　　真正的强人，对自己最狠，要求自己最严，对别人不强求。

　　真正的厌人，对别人狠，要求别人严，觉得自己什么都好、什么都对。

打仗不慌不忙，先求稳当，次求变化；办事无声无臭，既要精到，又要简捷。

这是一副对联。老吏断狱，经验之谈。

上联说的是做事情的次序，下联说的是做事情的手法。

做事情，次序和手法都不能错。闹闹哄哄、耍心眼、走捷径的，不是能长久成事的人。

弟此时以营务为重，则不宜常看书。凡人为一事，以专而精，以纷而散。荀子称"耳不两听而聪，目不两视而明"，庄子称"用志不纷，乃凝于神"，皆至言也。

还是讲"专"，专心就是一心。

即使才俊卓异如曾国藩，也是一时只做一事，不分心。

身为职场人，把眼前的、手头的事做好，做妥帖，就不容易了。

所谓Multi Tasking(多线程工作)，不是同时做很多件事，而是做完一件再做另一件，拿起快，放下快，拼的还是专注的能力。

总须脚踏实地，克勤小物，乃可日起而有功。

还是讲怎样做事——做好小事！

"大处着眼"需要更多的天赋，"小处着手"不需要太多天赋，俯下身段，埋头苦干，时间长了，就会了。

"小处着手"掌握之后，再练抬头看路、"大处着眼"，效果也很好。即使练不会或者练不好，还是有"小处着手"看家护身，还是一个能成事的人。

凶德致败，莫甚长傲。傲之凌物，不必定以言语加人，有以神气凌之者矣，有以面色凌之者矣。凡心中不可有所恃，心有所恃，则达于面貌。以门地言，我之物望大减，方且恐为子弟之累；以才识言，近今军中炼出人才颇多。弟等亦无过人之处，皆不可恃，只宜抑然自下，一味言忠信，行笃敬，庶可以遮护旧失，整顿新气；否则，人皆厌薄之矣。

这是曾国藩写给九弟曾国荃的信，告诫老九要小心做人，不要傲气凌人，不要搞到人憎鬼厌。

"凶德"，不好的性格；"性格决定命运"这句话，曾国藩非常信。

长傲，哪怕嘴上没说，只要心里有，嘴角上就有，眉宇间就有，脸蛋子上就有。成事的人，本来就招人嫉恨，脸蛋子上再长年挂着傲气，更招人嫉恨，能害你的时候或许不害你，别人害你的时候一定不会救你。"凶德致败"，不仅自己倒霉，还可能让整个家族倒霉。

长傲不好改。长傲时间长了，脸上的横肉都带着傲气。还是要从修心处做起：一是意识到长傲的风险，二是意识到有些人其实比自己强。

这两点都不容易做到，特别是在顺风顺水的时候。

胸多抑郁,怨天尤人,不特不可以涉世,亦非所以养德;不特无以养德,亦非所以保身。

继续谈性格。

胸有不平气,怨气重,不但不能进官场(涉世),即使隐于民间、修身养性,也难得好修行,甚至保护不了自身的安全。

有些人不仅没有招人喜欢的性格,而且颇多招人嫉恨的性格。这些人想成事,比其他性格好的人难很多。

声闻之美,可恃而不可恃。善始者不必善终,行百里者半九十。

声闻之美,好名声,美誉度。

行走江湖,有名傍身,美誉度高,有便利,有利益。所以,出名要趁早。

出名早,难;更难的是一直有名,一直有美誉度。

如今是网络时代,三分钟网红。昨日当红炸子鸡,今日街边过路人。昨日流量担当,今宵酒醒何处?

想来想去,还是不要着急,行百里者半九十,不要德不配位,浪得虚名。

精神愈用而愈出，不可因身体素弱过于保惜。智慧愈苦而愈明，不可因境遇偶拂，遽尔摧沮。

　　天不养懒汉，用好自己这块料。身体差、智商低、办公室政治险恶，不是不用功的借口。

　　懒人说：路上有狮子。成事人说，功可强立，名可强成。一个字：干！

求人自辅，时时不可忘此意。

单从字面看，这句话容易引起误解。

此句出自写给曾国荃的信。曾国藩习惯说做事不求人，为什么这里却说"求人"？

"求人自辅"出自《孔子家语》，"昔尧舜听天下，务求贤以自辅"，原文是"求贤"。《孔子家语》是儒家的蒙书——小学课本，这句话的意思，曾氏兄弟自然明白，引用不需字字正确，意到即可。

组团队，无论做事，还是打怪，都要找到有能力的人。

成事，特别是成大事，自强是基础，在此基础上，求人（贤）是必要条件。一个伟大的公司，核心管理层里只有一个很强的CEO，其他人乏善可陈——这种公司，我没见过。

CEO找人、找钱、找方向，然后就可以吃喝玩乐去了，其他的事儿都不需要他来做。

好公司的五大成事要素：一个明强的CEO，一个三观一致但是能力互补的班子，一个制胜战略，一个有吸引力的奖励计划，一个在战略执行过程中越来越坚实的核心能力。

如何给CEO配个好班子？CEO如何给自己配个好班子？这是一个永恒的管理重点。

不轻进,不轻退。

风险投资圈的人,对这句话应该深有体会。

投那些和时间做朋友的项目,那些朴拙勤谨、有恒就能有成的项目,风险可控,回报高。

一经焦躁，则心绪少佳，办事必不能妥善。

这句是老实话，人人懂，应用起来难。

诸事繁杂，内忧外患，团队不给力，能不焦躁？能心情好？能睡好觉？但是这些焦躁、心悸、失眠于事无补。

长期烦乱面前，耐得住、吃得香、睡得着、不得大病，才是真彪悍，方显英雄本色。

人生适意之时不可多得。弟现在颇称适意,不可错过时会,当尽心竭力,做成一个局面。

站在风口,猪会飞。

人生一世,能站在风口几次?

若在风口,抓住机遇,莫要辜负,了却君王天下事,赢得生前身后名。

飞吧,猪。

飞吧,小心村口矮树。

吾因本性偏强，渐近于愎，不知不觉做出许多不恕之事，说出许多不恕之话，至今愧耻无已。

知耻近乎勇。

知耻，甚难！

日慎一日，以求事之济，一怀焦愤之念，则恐无成。千万忍耐！千万忍耐！"久而敬之"四字，不特处朋友为然，即凡事亦莫不然。

这一段话，就是我的"九字真言"里的第一句：不着急。
不着急，不着急，不着急。

其他事儿也一样，比如名声，比如见识，比如治病。我总劝一些着急的患者："给自己的病痛一些时间，给吃下去的药一些时间，给老天一些时间，会好起来的。"但是总有一些患者继续着急，结果就是多吃了一堆莫名其妙的药，多受了一堆莫名其妙的罪。

余死生早已置之度外,但求临死之际,寸心无可悔憾,斯为大幸。

看破生死,但求无悔。

这是可追求的境界,实际很难达到。基督教里有"临终忏悔"的仪式,是对人性的最后一次豁免。

每次在飞机上遇上非常强烈的颠簸,我就想,如果这次真挂了,这辈子有什么后悔的?这辈子还有什么遗憾的?

比较幸运的是,的确没什么后悔的。最遗憾的,一个涉及精神,有些想读的好书还没读;另一个涉及肉体,有些想喝的好酒还没喝。

所以,既然没死,那就继续无悔做事,继续抓紧读书、痛快饮酒。

习劳为办事之本。引用一班能耐劳苦之正人，日久自有大效。

办事的根基，是能耐得住辛苦。

组一个能做事的团队，就是找到一群有能力、耐辛苦的人。

吃苦耐劳在很多时候比聪明伶俐更重要。我认识的最强的一组 CEO，最明显的共同特点是精力旺盛远超常人。

不轻进人,即异日不轻退人之本;不妄亲人,即异日不妄疏人之本。

带团队的小技巧。

不要轻易招揽人,不要轻易亲近人,可以减少怨念、少树敌人。

天下古今之庸人，皆以一惰字致败；天下古今之才人，皆以一傲字致败。

普通人，不能懒。

有才能的人，不能傲。

欲去骄字，总以不轻非笑人为第一义；欲去惰字，总以不晏起为第一义。

治骄傲的第一有效方法：管住嘴，不轻易嘲笑别人。

治懒惰的第一有效方法：不恋床，不睡懒觉。

很实用，尤其是"不睡懒觉"这一条。

凡办大事，半由人力，半由天事。吾辈但当尽人力之所能为，而天事则听之彼苍而无所容心。

做大事情，但尽人力，不问天意。
成与不成，由老天决定，埋头去做就是。
老天的事儿，你老替他操什么心啊？

凡说话不中事理、不担斤两者,其下必不服。

领导讲话,一要说准事情的关键点,二要有分量、有担当。

凡事后而悔己之隙,与事后而议人之隙,皆阅历浅耳。

事情做完,可以总结经验,但不能没完没了。

第一,不要后悔自己做错的地方;第二,不要议论别人做错的地方。

成事人,从来向前看的时候远远多于向后看。

凡军事做一节说一节，若预说几层，到后来往往不符。

　　带兵打仗，带团队创业，做一步说一步。大饼画得越美，露馅了越难看。

办大事者以多选替手为第一义。满意之选不可得，姑节取其次，以待徐徐教育可也。

要做事，做大事，第一，后备人才充足（特别是能有几个代替自己的人）；

第二，没有最合适，就选次合适（不要总说世上没人才）；

第三，慢慢教，手把手教，在实践中言传身教。

沅弟谓雪声色俱厉。凡目能见千里,而不能自见其睫。声音笑貌之拒人,每苦于不自见,苦于不自知。雪之厉,雪不自知;沅之声色恐亦未始不厉,特不自知耳。

"雪",彭玉麟的简称。彭玉麟是员悍将,字雪芹,在当时比曹雪芹有名。

彭玉麟待人接物,脸板板,声色俱厉,拒人千里,给人压力,但是自己不知道。沅弟(曾国荃)你的脸色也一样,只是自己不知道罢了。

——做一个和蔼亲切的老板,要学会控制面部肌肉。

> 每日临睡之时，默数本日劳心者几件，劳力者几件，则知宜勤国事之处无多，更宜竭诚以图之。

睡觉之前，做个每日小结，就知道实际做的事情并不多。这点虽是曾国藩的小技巧，却很实用。

人在办公室，电话、会议，忙忙碌碌，看似操劳一日，实际上做的事情能有几件？每日小结，坚持一段时间，效率自可提高。

多数俗人，忙忙碌碌，主要的时间都花在看手机上的八卦了。多数成事的人，无非每年定三个年度目标，无非每季定三个季度目标，无非每月定三个月度目标，无非每周定三个本周目标。时间过去，然后回看，三个目标做到了几个？没做到的，问个为什么。

从古帝王将相，无人不由自立做出；即为圣贤者，亦各有自立自强之道，故能独立不惧，确乎不拔。余往年在京，好与诸有大名大位者为仇，亦未始无挺然特立、不畏强御之意。近来见得天地之道，刚柔互用，不可偏废。太柔则靡，太刚则折。刚非暴戾之谓也，强矫而已；柔非卑弱之谓也，谦退而已。趋事赴公，则当强矫；争名逐利，则当谦退。

    成大人物，要自立自强，独立不惧，但也要刚柔并济。
    做事情，刚，强进；争名利，柔，谦退。
    牛人靠成事、靠作品，不靠吆喝，不靠争。

众口悠悠，初不知其所自起，亦不知其所由止。有才者忿疑谤之无因，而悍然不顾，则谤且日腾。有德者畏疑谤之无因，而抑然自修，则谤亦日熄。吾愿弟等之抑然，不愿弟等之悍然也。

两种对待流言蜚语的方式。

有才能的人，悍然不顾，关你屁事，关我屁事。

有修养的人，更加低调，等待闲话平息。

曾国藩兄弟都在官场，要修德行、养名望，因此选择第二种方式。不做官的人，那就无所谓啦，闲话终究是闲话，不能损人一分一毫。

舆情管理三要义：第一，在负面消息起来之前，消灭于无形。第二，如果还是冒出来了，淡定。不要回应，唾面自干，等闲话自己散去。第三，还是闹大了，消不去了，就直面应对。你能写，我也能写。你的嗓门大，我的也不小。

古来成大功大名者，除千载一郭汾阳外，恒有多少风波，多少灾难，谈何容易！愿与吾弟兢兢业业，各怀临深履薄之惧，以冀免于大戾。

郭汾阳，唐朝中兴名将郭子仪，结束安史之乱，手握重兵，却能得善终、子孙荣华，这在中国历史上很少见，所以曾国藩说是"千载一郭汾阳"。

曾国藩率领湘军结束太平天国之乱，曾国荃更是攻入天京的主将，兄弟二人建有如此大功，给大清朝续命五十年。当此人生巅峰、荣耀时刻，曾国藩既想到了得好果子的郭子仪，也想到了其他没得好果子的功臣悍将，而他最担心的，就是"大戾"。

"大戾"二字，出自《诗经》："昊天不惠，降此大戾。"老天不厚道，降下大罪。

官场之中，一切皆是斗争，老天/大老板/最高层，什么时候厚道过？三千年中国史，挽救国家于危亡之际，自己能够全身而退不被砍头的，"千载一郭汾阳"。

——兢兢业业，临深履薄，曾国藩是第二个不被砍头的。

成大事的人，如何免于砍头？曾国藩这里没细说，接着往下看。

盛时常作衰时想,上场当念下场时。富贵人家宜牢记此二语。

真能做到的有几个?

所谓富不过三代,是历史规律,更是人性。

尊重人性规则的同时,又跳脱出人性规则的,也就洛克菲勒家族了。到了第五代,也呵呵。

凡事莫当前,看戏不如听戏乐;为人须顾后,上台终有下台时。

军事呼吸之际,父子兄弟不能相顾,全靠一己耳。

打仗的时候,生死在呼吸之间,谁也靠不上,只能靠自己。

打仗,是极端时刻,是个瞬间;人生,看似很漫长,不过一刹那,还是只能靠自己。

凡危急之时，只有在己者靠得住，其在人者皆不可靠。恃之以守，恐其临危而先乱；恃之以战，恐其猛进而骤退。

大意同上，这里说的是团队也靠不住。

曾国藩一直强调团队建设的重要，为什么又说这一句？

他要强调的是：团队只是辅助力量，而在危急时刻，生死存亡，领导者要自己上阵，亲力亲为，自己指挥，决胜于战场的瞬息变化之间。

打硬仗，自己上，这是"领导力"的最终体现。

一个人，扛得住，罩得住，这是一切大事的根本。

吾兄弟既誓拼命报国，无论如何劳苦，如何有功，约定终始不提一字，不夸一句。知不知一听之人，顺不顺一听之天而已。

埋头做事，不做宣讲。名声大小，他人说了算；成功与否，老天说了算。

在"成功＝PPT"的年代，这句话似乎有点不合时宜了。会做，还要会说，才是王道。

万幸的是，这种年代不会持续太久。放眼二十年后，会做PPT的还有几人在？所谓昙花一现、高潮三秒而已。

时间，善待埋头做事的人。

凡行兵须蓄不竭之气,留有余之力。

带团队,做项目,鼓足劲,留够力。

在持久这点上,不要学孔明,要学司马懿。成事的过程是个马拉松,不是一百米短跑。

吾兄弟报国之道，总求实浮于名，劳浮于赏，才浮于事。从此三句切实做去，或者免于大戾。

又是教导兄弟谨慎做事、踏实做事、不争名利，以求免于砍头（大戾）。

德不配位，心神不宁。德高望重，顺水推舟。

强自禁制，降伏此心。释氏所谓降龙伏虎，龙即相火也，虎即肝气也。多少英雄豪杰打此两关不过，亦不仅余与弟为然，要在稍稍遏抑，不令过炽。古圣所谓窒欲，即降龙；所谓惩忿，即伏虎也。释儒之道不同，而其节制血气，未尝不同。总不使吾之嗜欲，戕害吾之躯命而已。至于倔强二字，却不可少。功业文章，皆须有此二字贯注其中。否则，柔靡不能成一事。孟子所谓至刚，孔子所谓贞固，皆从倔强二字做出。吾兄弟好处正在倔强。若能去忿欲以养体，存倔强以励志，则日进无疆矣。

相火、肝气，中医术语。相火就是肝火，和肝气相应和。那时候的人相信中医，中医解释一切。

这段话虽然长，实际上就两句。

第一句，节制欲望，不外袒露。

第二句，自立自强，强在内心。

曾国藩之所以说得这么长，是因为他切身体会到了成大事人中最常见的一个困境：倔强好胜和多欲多忿往往相伴而生，有了很多的贪念，倔强前行，终成大事；看很多人不顺眼，好胜竞争，终成王者。

一念不起，一动不动，佛系适合养生，但是不容易有动力成事（译经、画壁画、雕佛像、修庙宇等除外）。

很多贪官往往是成事最多、成事最快的官。总说"权、钱、色",能得一个的人,很容易得两个,能得两个的人,很容易得三个。这三个毕竟都是非常诱人的啊!

老天给一个人最大的特点,往往有正面也有负面。不要尽全力杀死这个特点,要尽全力保持平衡,发挥这个特点的好处,扼制这个特点的坏处。说到底,老天给人最大的特点,往往是老天给他最大的能量。如果要成大事,必须有大能量。曾国藩希望他们兄弟达到一个理想状态:既保留倔强,又远离忿欲。这样,既得功名文章,又能养生养体,天下的好事就都有了。但是,曾国藩没说具体怎么做到,只泛泛地说了一下"稍稍遏抑",安禅制毒龙。

很多能成事的猛人,没能"稍稍遏抑",是没解决好心魔。心魔越来越大，成为大毛怪，控制了猛人们之后，猛人没能继续成事，甚至在"权、钱、色"里翻车。

这些猛人往往搞错了一点，他们把欲望当成了志向。求名、求利、求权、求色、求颐指气使、求美食美酒，是欲望。求千古文章、求宇宙太平、求洞察人性、求天地至美，"为天地立心，为生民立命，为往圣继绝学，为万世开太平"，是志向。

自古圣贤豪杰、文人才士，其志事不同，而其豁达光明之胸大略相同。吾辈既办军务，系处功利场中，宜刻刻勤劳，如农之力穑，如贾之趋利，如篙工之上滩，早作夜思，以求有济。而治事之外，此中却须有一段豁达冲融气象。二者并进，则勤劳而以恬淡出之，最有意味。

这段话实际上说的是两种态度。

做事情，要勇猛精进；处世间，要豁达恬淡。也就是曾国藩一直强调的"刚柔相济"——用平常心，处世；用进取心，做事。

手上有刀，心里有佛。脚下有闹市，心里有山水。

更易行的方式是：上班埋头做事，下班埋头文艺；开会杀伐决断，然后去博物馆看美好书画、美好器物，养眼养心。

舍命报国，侧身修行。

意思同上。

做事，争先，不顾身；修行，避让，不争抢。

吾辈所最宜畏惧敬慎者，第一则以方寸为严师，其次则左右近习之人，又其次乃畏清议。

方寸，自己的心。
成事人最应该畏惧敬慎的：
首先，敬畏内心；
其次，尊重团队；
再次，害怕舆论。

> 担当大事，全在明强二字。《中庸》学、问、思、辨、行五者，其要归于愚必明，柔必强。

这段话是对《中庸》的简略引用。在之前的时代，这是小学生的家常话，不必全说，听者自明。在现时代，我们都没背过四书五经，就需多啰唆几句。

《中庸》原文："博学之，审问之，慎思之，明辨之，笃行之……人一能之，己百之；人十能之，己千之。果能此道矣，虽愚必明，虽柔必强。"

做大事，有担当，就靠聪明和强悍。别人做一，你做百；别人做十，你做千；只要功夫下到，笨人也会变聪明，软蛋也会变强者。

如果能做到明强，天性愚柔的人也能成事。问题是，天性愚柔的人如何能做到明强？曾国藩没说具体。

要做到"明"，脑子不太好使的人，要认一个想得明白的人，要死认一个对的方向（哪怕不是自己找的，哪怕不是自己想得明白的）。

要做到"强"，就要付出别人十倍甚至百倍的努力和辛苦。

别人拼命吹牛，你拼命读书。别人拼命喝酒，你拼命读书。别人拼命做官，你拼命读书。

无形之功不必腾诸口说，此是谦字之真工夫。所谓君子之不可及，在人之所不见也。

开疆拓土、攻城略地，是明面上的功劳，大家都看得见。

什么是无形之功？

运筹帷幄是无形之功，公司管理运行架构是无形之功，风险管控是无形之功，人才选用育留是无形之功，文化建设是无形之功，舆情管理是无形之功，行政是无形之功，后勤保障是无形之功……一个团队，做指挥的人，做幕后的人，做的就是无形之功。

有些人常常觉得领导其实什么事儿都没干，聊聊天、发发言、吃吃饭，而已。有机会你当了领导，你就不这么想了。很多功夫在明面之外。另外，当领导的，在风口浪尖，能长年保持平衡和中庸，不偏不倚，不掉下来，就很不容易了。

强字原是美德,余前寄信,亦谓明强二字断不可少。第强字须从明字做出,然后始终不可屈挠。若全不明白,一味横蛮,待他人折之以至理,证之以后效,又复俯首输服,则前强而后弱,京师所谓瞎闹者也。

前面说过"担当大事,全在明强二字",这里强调了二字的顺序。

强悍,要建立在聪明的基础上。没有聪明,所谓"强悍",就是蛮横,就是瞎胡闹。

"明"字自己想不出,要认对人,让明白人替你想,然后,笃信之,这是"明"的一个变种。

君子大过人处,只是虚心。

这里需要解释下,曾国藩的"虚心",不是谦虚。

虚心,首先是"有一心",有主见,有方向,有坚守;其次,"无成心",不固执,没有成见。

有心,才能虚。

大凡办一事，其中常有曲折交互之处，一处不通，则处处皆窒矣。

　　做事，不是埋头就做，而是先要有事情的全局，了解组成事情的各个环节。"大处着眼，小处着手"，小处着手之前，最好能大处着眼。

　　作为管理者，所谓做事，就是疏通这些关节，为其他做事的团队成员创造成事的条件，让他们能发力。

古来大战争、大事业，人谋仅占十分之三，天意恒居十分之七；往往积劳之人非即成名之人，成名之人非即享福之人。吾兄弟但从积劳二字上着力，成名二字则不必问及，享福二字更不必问及矣。

曾国藩的人生态度：埋头做事，不问前程，成功在老天，享受在后人。

心里无求，也就不耗能量，也就坦荡，反而增加了胜算。

俭以养廉,直而能忍。

这是副对联,曾国藩的老生常谈。

上联:勤俭持家。入一百,花六十,二十接济他人,二十留备不时之需。一个已经挣得不少,还要借钱撑场面的人,是个很容易欺世盗名的人。

下联:做一个正直而能忍耐的人——直,不容易;忍,更难,直而能忍,难上加难。

用人极难，听言亦殊不易，全赖见多识广，熟思审处，方寸中有一定之权衡。

作为管理者，会用人很难，会听，并判断、接纳下属的意见，也不容易。

一、见识要多（见识多也没捷径：万卷书，万里路，多干事，多见有见识的人）；

二、要反复多次地想，要谨慎小心地给出意见；

三、对牵涉的各方利益，心里要权衡，要有公平心，要有主次、取舍等判断。

富贵功名皆人世浮荣，惟胸次浩大是真正受用。

    名、利皆浮云，一时享受，转瞬即逝；真正的爽，是心里爽。

    说来容易，做时难。可以从三个角度努力：

    一、千山鸟飞绝，万径人踪灭，一切都是浮云，到底皆为涅槃，佛教四圣谛之寂静涅槃要长记于心。

    二、领会那些成事之外、做事之余的小快乐：东郊时雨，初雪在庙，和妙人分一瓶酒，闭门读一本书。

    三、孔丘说：天下有道，丘不与易也。要意识到，每个猛人有每个猛人的苦。作为另一个猛人，守住自己的志向、吃自己的苦，不必羡慕别人。

吾屡教家人崇俭习劳，盖艰苦则筋骨渐强，娇养则精力愈弱也。

"崇俭习劳"四字，家庭教育的真言。

咬得菜根，百事可做。跑万米不累，百事可做。吃苦耐劳的心和身，是成事的基础。

说些具体的，对于男女皆如此：

一、自己的事情自己做，不要吆三喝六。自己拎包，自己管理好自己的时间和身心，尽量少用助理；

二、坚持锻炼，保持体重，少生病。时刻保持能干状态，是成事人的另一个基本要求。锻炼的目的不是成为奥运冠军或者国家二级运动员，锻炼的目的是保持体能，保持成事的基本身体状态。

据说"亚洲最严"的体能测试标准如下：男性在14分钟内跑完3000米；2分钟仰卧起坐80个满分，43个及格；2分钟俯卧撑71个满分，51个及格——14分钟内跑完3000米，意味着1公里4分40秒的配速。就按这个标准来吧。如果50岁甚至60岁还能达到这个标准，如果50岁甚至60岁还能穿进去大学毕业时的牛仔裤，那就在成事的路上多走了好几步。

另，现在流行"女孩子要贵养"，纯属胡扯。中国的女性地位本来就低，男女性别不平等，工作机会和上升空间不平等，女孩子再"贵养"，像养宠物，进入社会如何竞争？

既奢之后而返之于俭，若登天然。

奢和俭，是人类社会自己给自己的定义，苍狼不知道，白鹿也不知道，具体个人认不认，是个人的事。

奢、俭，都是物质层面的事。更重要的是"念"，是内心和精神层面。所谓修行，就体现在这里。阿玛尼和窝窝头，鱼与熊掌，兼得与否，在乎心。

小心安命，埋头任事。

第一，认命。

第二，干活。

能做到第二点的很多，能做到第一点的不多。

青年时，个人对自己和世界的认识有局限，远方还有星辰大海，不认"命"，奋力开拓，是进取心旺盛。中年时，已经知道自己的斤两，知道世界的运行模式，不认"命"，就是顽固了。孔子说"五十而知天命"。孔子是个倔老头，到了50岁才认命。

认命，不是投降；认命，是知道自己能做什么，然后，努力去做，是谓"安命"。

听说清华大学某个校训是"听话，出活"，和曾国藩说的这个意思有相同之处。

不如意之事机，不入耳之言语，纷至迭乘，余尚愠郁成疾，况弟之劳苦过甚百倍于阿兄，心血久亏数倍于阿兄者乎！弟病非药饵所能为力，必须将万事看空，毋恼毋怒，乃可渐渐减轻。蝮蛇螫手，壮士断腕，所以全生也。吾兄弟欲全其生，亦当视恼怒如蝮蛇，去之不可不勇。

曾国藩写给九弟曾国荃的话，字字切切，总结成一句：不生气！

做事，不着急，不生气。闲言碎语，关我屁事，关你屁事。

做事越多，成事越多，噪声越多。和声音，不要讲理，要讲不理——去你的，你能你上。你没上就闭嘴。北方农谚，"听蝲蝲蛄叫还不种庄稼啦？"

曾国藩也是无奈，不知道如何让九弟能做到这些，只好试着引导：你试试把你打仗的勇气用到斩断自己的怒气上？一切贪嗔痴如洪水猛兽、如蝮蛇大毛怪，一切如梦幻泡影，如露又如电。

盖茨基金会针对美国青少年推广了一个情绪管理的慈善项目——BAM（Becoming A Man）。在他看来，学习控制愤怒，是一项重要的人生技能。

更多时候，成事的人，战胜自己，保全自己的身心健康，远远难于成事。

勉之。

弟信于毁誉祸福置之度外，此是根本第一层功夫。此处有定力，到处皆坦途矣。

毁誉祸福置之度外＝关我屁事关你屁事。

成事的人往往敏感。成事之后，有闲话，不要想，不要想，不要想，做自己，做自己，做自己。

天下之事理人才，为吾辈所不深知、不及料者多矣，切勿存一自是之见。

知道自己的局限性，不自以为是，不固执。

用现在的话说：尽调之前，无意见；尽调之后，有主见。

换个角度，一定要谦卑。我们内心常常嘲笑那些在我们熟悉的领域不懂装懂的人，我们到了自己不熟悉的领域，我们凭什么骄傲？

换另一个角度，一定要培养常识。领域无穷，我们阳寿有限，不可能穷尽所有领域。培养好常识，咬得菜根，放低身段，百事可做。不熟悉，不意味着我们不能了解到精髓，学会技巧，学会方法，多实践几百次，我们就能做到了。

麦肯锡也是秉承这个理念，从最好的商学院招聘最聪明的年轻人，往死里练他们，能练出来就出来了，练不出来就淘汰。剩下的，都是好手。非常残酷，非常有效。成人的世界，万事皆难，除了长肉，哪有什么是容易的？

吾辈在自修处求强则可,在胜人处求强则不可。若专在胜人处求强,其能强到底与否,尚未可知,即使终身强横安稳,亦君子所不屑道也。

不求胜过别人,只求胜过自己。

很多时候,我们不可能在所有领域、所有时间胜过别人。

就算我们在所有领域、所有时间胜过别人,好处呢?只是被小人嫉恨,被君子耻笑。

困心横虑，正是磨炼英雄，玉汝于成。李申夫尝谓余恼气从不说出，一味忍耐，徐图自强，因引谚曰"好汉打脱牙和血吞"。此二语是余生平咬牙立志之诀。余庚戌、辛亥间为京师权贵所唾骂，癸丑、甲寅为长沙所唾骂，乙卯、丙辰为江西所唾骂，以及岳州之败、靖江之败、湖口之败，盖打脱牙之时多矣，无一次不和血吞之。弟来信每怪运气不好，便不似好汉声口，惟有一字不说，咬定牙根，徐图自强而已。

曾国藩最著名的故事，也是他大半生的总结，就是"屡败屡战"。之所以能够屡败屡战，就在于"自强"的功夫修得到位。"修身""修行""修养"等，现在是流行语了。无论是在儒家，还是在佛家，所谓"修"，都不是喝茶焚香、看看远方这么简单、诗意的事儿。曾国藩这里说的"一味忍耐，徐图自强"，才是"修"的实际面目。

一次打脱牙和血吞，容易；一次次打脱牙和血吞，不容易。做个好汉，不容易。那些身心灵的修行，远远不如在现实中的修行。在商学院千百次写商业计划书，不如你在现实中写一个商业计划书，然后忽悠一些人信你了、投你了，然后你败了，所有人都恨你、都鄙视你；然后你又写了一个商业计划书，你又忽悠了一些人信你了、投你了，然后你又败了。这种痛，是那么痛；这种修行，才是真实的修行。

然后，你可以微笑着，点茶插花，焚香挂画。

兄自问近年得力，惟有一悔字诀。兄昔年自负本领甚大，可屈可伸，可行可藏，又每见得人家不是。自从丁巳、戊午大悔大悟之后，乃知自己全无本领，凡事都见得人家有几分是处。故自戊午至今九载，与四十岁以前，迥不相同。大约以能立能达为体，以不怨不尤为用。立者，发奋自强站得住也；达者，办事圆融行得通也。

曾国藩著名的"悔字诀"。悔，不是顿足捶胸，而是"乃知自己全无本领，凡事都见得人家有几分是处"——认清自己，用好他人。

第一，知道自己"无本领"，才需要用人；

第二，知道他人的长处，才能用好人；

第三，恰当地表现出自己的"无本领"（办事圆融），才能让他人为自己所用。

注意，曾国藩说"凡事都见得人家有几分是处"，里面隐含的意思是，这些人也没什么真本事，有些可取之处而已，只要能做到这样，这些人就可以用。

这是曾国藩晚期的感悟。早期，他不是这样，也不该这样，他是事必躬亲，自负本领甚大，而且证明了自己本领甚大。到了人生后半场，他悟到了，带大队伍不是这样，也不能这样，推功揽过，己欲立而立人，己欲达而达人，成大事者让他人成大事。

袁了凡所谓"从前种种譬如昨日死，从后种种譬如今日生"，另起炉灶，重开世界。安知此两番之大败，非天之磨炼英雄，使弟大有长进乎？谚云"吃一堑，长一智"，吾生平长进，全在受挫受辱之时。务须咬牙励志，蓄其气而长其智，切不可茶然自馁也。

曾国藩的人生经验，就是"屡败屡战"。

真正长见识、添阅历的时候，一定不是顺风顺水、躺着都挣钱的时候，一定是惨败、跌到谷底、破鼓众人敲、破墙众人推的时候。

珍惜惨败之时，正如珍惜伤你心的姑娘。

弟当此百端拂逆之时，亦只有逆来顺受之法，仍不外悔字诀、硬字诀而已。

"悔字诀"，上面已经说过，认清自己的长处和短处，用好周围跟你干的兄弟。

"硬字诀"，实际上就是袁崇焕的口头禅："掉哪妈，顶硬上！"

家训

处多难之世，若能风霜磨炼，苦心劳神，自足坚筋骨而长识见。沅甫叔向最羸弱，近日从军，反得壮健，亦其证也。

曾国藩教育儿子曾纪泽：不惯着，多磨炼。

精神和身体都有非常贱的一面，越练越用越吃苦，越强悍越好用，鬼怕神畏，病也都没了。

不惯着。不惯着自己，不惯着团队，不惯着孩子，不惯着父母。越惯着，人性的恶越显现，越坚忍耐烦、劳怨不避，人性的善越显现。

居家之道，惟崇俭可以长久，处乱世尤以戒奢侈为要义。

崇俭，说起来容易做起来难。

中国的传统家族，家箴家规，几乎都有这个词。但能够天天唠叨、彻底遵行的不多，所谓"富不过三代"。曾家本是湖南乡下小地主，但在曾国藩兄弟这一代，一跃而成名门显族，家族子弟也是非富即贵。曾国藩天天唠叨这个词，可见他的担心之处。

在居家花销一事上，也有人性在作怪。

一、俭朴生活，过中等偏下的生活，从心底里，以智慧和气质为顶级美好之物，以立功和立言为顶级追求之物，爱智慧多过爱宝石，爱买书多过爱买包包。享上等智慧、过下等生活，远远比享上等智慧、过上等生活安稳祥和得多。

二、如果做不到，至少做到量入为出，轻奢而止。需要注意的是严控每月烧钱数（Burning Rate），把这个数控制在总收入的一半以下，如果不是百分之十——人性的另一个弱点是，总以为现状会一直持续，盛时不做衰时想，所谓"量入为出"，其实只是量现在的入，不考虑将来可能的窘境。

三、尽量少雇人。越多助理，越多人事，越多闲话，越多麻烦。既然有了滴滴，就少养司机，既然有了外卖，就少养厨师——归根结底，还是人生三个基本原则：第一，自己的事情自己做；第二，不给别人添不必要的麻烦；第三，根据个人喜好和特殊情况自己定。

四、尽量少打肿脸充胖子。成事人把立功和立言当成牛气之事，与此无关的包包、钻石、名酒、美食、跑车、游艇、私人飞机等毫无牛气之处，轻于浮云，无炫可炫。更要避免的是不懂装懂——享受不了偏要假装能享受，满嘴跑名牌。比如红酒只喝DRC，但是盲品分不出波尔多和勃艮第，比如吃饭只吃米其林，但是吃不出地沟油和头榨花生油的区别。

富贵之后，自己、族人、后代都长在助理们的手上，自己不会收拾自己的旅行箱，自己不会出门，不会吃机场休息室里带皮的没削过的苹果，难免心生恐惧，害怕失去富贵，害怕不能独自生活。这也就埋下了动作变形、不敢割舍、瞻前顾后等一系列成事后的隐患，命运稍稍找点麻烦，墙倒屋塌。过去的名门显族如此，如今的名门显族也如此。

老洛克菲勒被酒店经理嘲笑："您怎么每次都不住套间？这么有钱了，还不花？您儿子就每次都住套间。"老洛克菲勒笑了笑说："小洛克菲勒命比我好，他有个富爸爸，我没有。"

老洛克菲勒也不是总这么谦逊，他说过："我不喜欢钱，我喜欢的是赚钱。"他还说过一句修炼到顶尖的成事人才有自信说的话："即使把我的衣服脱光，再放到渺无人烟的沙漠中，只要有一个商队经过，我也会成为百万富翁。"

这才是真正的霸气。十分钟内开跑车跑完北京二环路一圈，是个屁。

人生惟有常是第一美德。余早年于作字一道，亦尝苦思力索，终无所成。近日朝朝摹写，久不间断，遂觉月异而岁不同。可见年无分老少，事无分难易，但行之有恒，自如种树养畜，日见其大而不觉耳。

在书法上，曾国藩是没有天赋的人——文学上也是，但曾国藩的书法够实在，够用，不难看。

没有天赋，想再多也没用，天花板在那儿摆着。但没有天赋，不意味着没有成果，有一个好习惯，坚持做下去，就会见效。

曾国藩在书法上没天赋，还是下了功夫，"朝朝摹写，久不间断"，写出一手不难看的字，自娱自乐兼能娱人，也能应酬，给寺庙题个匾额，给同僚写个对联，够陈设，够美观，不丢分。

至于传承有序的曾国藩书法为什么价格很好，这是另外一个问题。字因人传，买的人能从曾国藩亲手书写的笔触里、文字里汲取精神力量，书法本身的美就退居第二位了。

从另一个角度看，能够顶到自己的天花板，也不是件容易事。更多的人，没有达到自己的天花板，却羡慕嫉妒恨别人的远方。

成事人需要注意的另一个误区是：过分贬低天赋的作用，认为自己既然修炼了无上的成事能力，什么事儿都能成。此处要敬畏：天赋还是硬硬地在那里，天赋还是比后天努力更重要。

如何判断是否在某个方面有天赋？

一、你偷偷摸摸想去做，"虽千万人吾往矣"，别人怎么拦着不让你做都没有用。

二、你做的时候有快感，做完之后有满足感。

三、你做出来的东西有自己的风格，有相当多的人愿意自掏腰包买。

人之气质由于天生，本难改变，欲求变之之法，总须先立坚卓之志。即以余生平言之，三十岁前最好吃烟，片刻不离。至道光壬寅十一月二十一日立志戒烟，至今不再吃。四十六岁以前作事无恒，近五年深以为戒，现在大小事均尚有恒。即此二端，可见无事不可变也。古称金丹换骨，余谓立志即丹也。

能戒烟，无事不可成。连烟都能戒的人，要敬畏，要小心。

我老爸十三岁开始抽烟，抽到八十三岁，时常说，没力气，头晕。排除了肿瘤，我知道，很可能是血氧浓度不够，肺不太行了。我动过念头，逼他戒烟，但是每当看到他抽烟时得意的样子，还是不忍心，唠叨几句"您还是少抽点吧"，就算了。后来老爸走了，走得挺安详，没受什么罪。我一直嘀咕，我是做对了，还是做错了？

在能否修炼成成事人这点上，我反而相信后天大于先天。聪明、文笔、书法等，先天起决定作用；能否成事，很大程度看习惯，特别是能不能对自己狠，习惯的养成，后天重于先天。

那些能戒、能自己消化戒断综合征的人，基本都是能成事的人。

不料袁婿遽尔学坏至此！然尔等待之，却不宜过露痕迹。人之所以稍顾体面者，冀人之敬重也。若人之傲惰鄙弃业已露出，则索性荡然无耻，拼弃不顾，甘与正人为仇，而以后不可救药矣。

家家有本难念的经。

曾国藩的大女婿袁秉桢不学好，在家族里不受待见。曾国藩写信，要求家人给他脸面，希望女婿有自尊，然后可自强。但袁秉桢最终也没有自强，以致曾国藩与他断绝了关系。

脸面，不是别人给的，是自己给自己的。

又，名门显族的女婿和媳妇都不是那么好当的，特别是女婿。细细看其中人性的光明和黑暗，又是小说的好素材。

凡诗文欲求雄奇矫变，总须用意有超群离俗之想，乃能脱去恒蹊。

什么是好的文学？

有创造性的文学。

什么是文学的创造性？

"超群离俗"，不走寻常路。在内容上、切入角度上、行文风格上有创造性，之前的汉语里乃至全部人类语言里没有过。

凡文有气则有势，有识则有度，有情则有韵，有趣则有味。

气，是天生的，求不得。老天如果真爱一个作家，给足了他气，他可以忘记一切，不管一切，怎么写怎么有，从纸的左边写到右边，从第一页写到三百页，就好了。这样的作者举例：亨利·米勒、凯鲁亚克、劳伦斯。

识，有天生成分，但是多读书、多行路，能后天修修。

情，爱天地自然，爱人，内心偶尔或者经常肿胀。

趣，好玩，角度刁蛮，不是古板的爱，而是俏皮的爱、曲折的爱、隐约的爱。

颜黄门之推《颜氏家训》作于乱离之世,张文端英《聪训斋语》作于承平之世,所以教家者至精,尔兄弟宜各觅一册,常常阅习。

推荐两本家训经典。

内举不避亲,如果还需要再推荐两本:一、老洛克菲勒写给小洛克菲勒的三十八封信。二、冯唐的《三十六大》。

凡言兼众长者，必其一无所长者也。

职场中，这种人挺多见：什么都会，一无所长；说起来头头是道，做起来一塌糊涂。

凡事皆用困知勉行工夫，不可求名太骤，求效太捷也。尔以后每日宜习柳字百个，单日以生纸临之，双日以油纸摹之。临帖宜徐，摹帖宜疾。数月之后，手愈拙，字愈丑，意兴愈低，所谓困也。困时切莫间断，熬过此关，便可少进。再进再困，再熬再奋，自有亨通精进之日。不特习字，凡事皆有极困极难之时，打得通的，便是好汉。

这段话是说学书法的笨功夫，单日临，双日摹，遇困顿，熬过去。

不只是书法——对普通人来说，学任何技能，做任何事，都是如此。曾国藩教子，字字真切，把儿子当成普通人教育，不是当成小天才宠溺。

所谓学习，只有笨功夫；所谓"快乐学习"，扯淡！

至于天才该如何做，那是另一个议题。天才怎么做都好，不用我们凡人操心。尽管令人沮丧，我们不得不接受的现实是，我们周围所见的绝大多数小孩儿和晚辈（包括自己的孩子和同族后辈）都是凡人、俗人、庸才。所以，笨功夫才是真功夫。

尔惮于作文，正可借此逼出几篇。天下事无所为而成者极少，有所贪有所利而成者居其半，有所激有所逼而成者居其半。

第一句：怕什么，就做什么。

第二句：事情能做成，要么是因为有利益，要么是因为被强迫。所谓无为而成，无心而成，都是瞎扯。

曾国藩教子，净说大实话。

判断一个事儿能否成，三原则：

一、让不让干？

二、会不会干？

三、想不想干？

想干的主要原因有两个：有所利；有所激有所逼。

余生平略涉儒先之书，见圣贤教人修身，千言万语，而要以不忮不求为重。忮者，嫉贤害能、妒功争宠，所谓忌者不能修，忌者畏人修之类是也。求者，贪利贪名，怀土怀惠，所谓未得患得，既得患失之类是也。将欲造福，先去忮心，所谓人能充无欲害人之心，而仁不可胜用也。将欲立品，先去求心，所谓人能充无穿窬之心，而义不可胜用也。忮不去，满怀皆是荆棘；求不去，满腔日即卑污。余于此二者常加克治，恨尚未能扫除净尽。尔等欲心地干净，宜于此二者痛下工夫。

"不忮不求"，不嫉妒，不贪婪。这个成语值得详细介绍一下。

出自《诗经》，上下文是"百尔君子，不知德行。不忮不求，何用不臧？"大意为：当官的人都没啥德行，净做坏事；（如果）不嫉妒、不贪婪，怎么能做不好呢？

这句话后来被孔子引用。《论语》里，子曰："衣敝缊袍，与衣狐貉者立而不耻者，其由也与？不忮不求，何用不臧？"子路终身诵之。子曰："是道也，何足以臧？"

在《诗经》里，"不忮不求"是对官员的要求；在《论语》里，"不忮不求"是对文化人（士）的要求。在这两个语境下，它都是基本要求，不是高标准严要求。所以孔子说，只做到这个，还不算好（是道也，何足以臧？）。

曾国藩把这条基本要求，郑而重之地作为家训，为什么？

第一，"不忮不求"，是精英教育的基本要求。对普通人，曾国藩很了解人性，实际上没这么高的要求。

第二，精英教育的目的，在前现代社会，就是做官。

第三，曾国藩在家训中提出的这个要求，既是怎样做一个好人，更是怎样做一个好的精英，为之后怎样做一个好官打基础。

成事的人，以平常心看待嫉妒和贪心，别苛责自己，以平衡心处之，不要让底线失守，不过分，不害人。

附作《忮求诗二首》录左。

不忮

善莫大于恕，德莫凶于妒。
妒者妾妇行，琐琐奚比数。
己拙忌人能，己塞忌人遇。
己若无事功，忌人得成务。
己若无党援，忌人得多助。
势位苟相敌，畏逼又相恶。
己无好闻望，忌人文名著。
己无贤子孙，忌人后嗣裕。
争名日夜奔，争利东西骛。
但期一身荣，不惜他人污。
闻灾或欣幸，闻祸或悦豫。
问渠何以然，不自知其故。
尔室神来格，高明鬼所顾。
天道常好还，嫉人还自误。
幽明丛诟忌，乖气相迴互。
重者灾汝躬，轻亦减汝祚。
我今告后生，悚然大觉悟。
终身让人道，曾不失寸步。

终身祝人善，曾不损尺布。
消除嫉妒心，普天零甘露。
家家获吉祥，我亦无恐怖。

不求

知足天地宽，贪得宇宙隘。
岂无过人姿，多欲为患害。
在约每思丰，居困常求泰。
富求千乘车，贵求万钉带。
未得求速偿，既得求勿坏。
芬馨比椒兰，磐固方泰岱。
求荣不知厌，志亢神愈忕。
岁燠有时寒，月明有时晦，
时来多善缘，运去生灾怪。
诸福不可期，百殃纷来会。
片言动招尤，举足便有碍。
戚戚抱殷忧，精爽日凋瘵。
矫首望八荒，乾坤一何大！
安荣无遽欣，患难无遽憝，
君看十人中，八九无倚赖。
人穷多过我，我穷犹可耐。

而况处夷涂，奚事生嗟忼？
于世少取求，俯仰有余快。
俟命堪终古，曾不愿乎外。

    曾国藩的诗，实在是一般啊。他似乎没嫉妒过李白和杜甫，否则，惨了。
    作为家训诗，胜在通俗。
    曾国藩没一句诗活在现在大众的心里，但这丝毫不影响他作为一个成事方法论大师存在于大众的心里。

日课四条

一曰慎独则心安

自修之道，莫难于养心。心既知有善知有恶，而不能实用其力，以为善去恶，则谓之自欺。方寸之自欺与否，盖他人所不及知，而己独知之。故《大学》之"诚意"章，两言慎独。……能慎独，则内省不疚，可以对天地质鬼神，断无行有不慊于心则馁之时。人无一内愧之事，则天君泰然，此心常快足宽平。是人生第一自强之道，第一寻乐之方。

慎独，明人不做暗事，独自一人的时候，灯光黯淡的时候，会不会被自己心里的大毛怪吓死？内心无愧，不怕雷劈。

我想起一生中后悔的事，南山上没有一朵花开，"因为一生中没有一件后悔的事。可以对天地质鬼神。"

心安最明确的表现是，能不能每天不做噩梦？如果一年多过个位数的晚上做噩梦，就是心不安，就要想想如何养心。

日课第一条：养心。

二曰主敬则身强

敬之一字,孔门持以教人,至程朱则千言万语不离此旨。……吾谓敬字切近之效,尤在能固人肌肤之会,筋骸之束。庄敬日强,安肆日偷,皆自然之征应。虽有衰年病躯,一遇坛庙祭献之时,战阵危急之际,亦不觉神为之悚,气为之振,斯足知敬能使人身强矣。若人无众寡,事无大小,一一恭敬,不敢懈慢,则身体之强健,又何疑乎?

"敬",通俗说就是认真——从里到外,自始至终,从内心深处到言谈举止地认真。

敬事,认真做事。小处着手,小处不小,如临深渊,如履薄冰。

如果认真地做每一件自己决定要做的事,如果诚恳地对每一个自己遇见的人,时间长了,就是一个成事的人,就是一个身强的人。

日课第二条:认真。

三曰求仁则人悦

我与民物，其大本乃同出于一源。若但知私己，而不知仁民爱物，是于大本一源之道，已悖而失之矣。至于尊官厚禄，高居人上，则有拯民溺、救民饥之责。读书学古，粗知大义，即有觉后知、觉后觉之责。若但知自了，而不知教养庶汇，是于天之所以厚我者辜负甚矣……

儒家一直是"人、民"二分法。民，普通百姓；人，精英。精英的好行为，就是"仁"。

这段话说的是精英的责任——先知带后知，先富带后富，为官要造福百姓，带团队要培育下属，做生意要带动上下游共同富裕而不是割韭菜。

曾国藩不认"小乘"，如果自己因为命好能做事、成事、救死扶伤，自己一苇渡江是逃兵，必须"大乘"，和大家一起走。

日课第三条：责任。

四曰习劳则神钦

凡人之情，莫不好逸而恶劳，无论贵贱智愚老少，皆贪于逸而惮于劳，古今之所同也。人一日所着之衣、所进之食，与一日所行之事、所用之力相称，则旁人赪之，鬼神许之，以为彼自食其力……古之圣君贤相，若汤之昧旦丕显，文王日昃不遑，周公夜以继日，坐以待旦，盖无时不以勤劳自厉。《无逸》一篇，推之于勤则寿考，逸则夭亡，历历不爽。为一身计，则必操习技艺，磨炼筋骨，困知勉行，操心危虑，而后可以增智慧，而长才识。为天下计，则必己饥己溺，一夫不获，引为余辜。大禹之周乘四载，过门不入，墨子之摩顶放踵，以利天下，皆极俭以奉身，而极勤以救民，故荀子好称大禹、墨翟之行，以其勤劳也。军兴以来，每见人有一材一技、能耐艰苦者，无不见用于人，见称于时。其绝无材技、不惯作劳苦者，皆唾弃于时，饥冻就毙。……是以君子欲为人神所凭依，莫大于习劳也。

这一段的核心，就是四个字——辛苦工作。

习劳，养成辛苦工作的好习惯。在抱怨命运和咒骂他人之前，问自己一句，"我尽力了吗？"如果是，请抱怨，请咒骂，情有可原。如果不是，自己多干一些，再多干一些，只会让成事的可能性高一些，不会累死人的。

"神钦"最明确的表现是，能不能每天甜睡？如果一年多过个位数的晚上不能酣睡，就是神不钦，就要想想如何多发力干活。

日课第四条：干活。

日记

精神要常令有余于事,则气充而心不散漫。

精神足,注意力集中,做事情专注。

专注之后,如果累了,不要勉强,给精神留点余地,明天再干。

人过了四十五,太阳落山之后,如果有一件事,需要提起一口真气才能说"我能干,我今晚能干完",那就不要干,明天再干,否则就有可能没有明天了。

凡事之须逐日检点者，一日姑待，后来补救难矣。

一日事一日毕，不能拖。

拖延症是病，要治。

叉手立办，不占内存，不耗脑子，睡得更香。

《记》云:"君子庄敬日强。" 我日日安肆,日日衰荼,欲其强,得乎?

天天待在个人的舒适区域,强不起来。

自强,就是自找不舒服。

一直自找不舒服,直到再也找不到不舒服,就是一个能成事的猛人。

知己之过失，即自为承认之地，改去毫无吝惜之心。此最难事。豪杰之所以为豪杰，圣贤之所以为圣贤，全是此等处磊落过人。

第一步，承认自己的不足；

第二步，改掉它，不可惜。

做到以上两步，就是好汉。

遇上一个似乎特别牛的人，直接问他，您有什么过失和不足？如果他"顾左右而言他"，或者讲一些自己更像优点的缺点（"我太爱工作不知道休息"等），可以直接判定，他距离好汉有距离，或者不知道自己的不足，或者不敢承认。

不为圣贤,便为禽兽;莫问收获,但问耕耘。

这是曾国藩的励志格言。很有名。

第一句,姑妄听之——曾国藩做圣贤的心太切。其实,在圣贤和禽兽之间,更多的是灰色地带。

第二句,值得默诵。

大处着眼,小处着手。看大处的时间和精力不宜花得太多,每三年、每一年、最多每半年检讨一次。小处着手要天天、时时,而且不要总问收获,埋头做就是了。

这样,不浪费精力。

盗虚名者有不测之祸，负隐匿者有不测之祸，怀忮心者有不测之祸。

三种容易惹祸上身的人：盗用虚名的人、心里有鬼的人、嫉妒心强的人。

原因：不能真实。

实事求是。在你乱七八糟的时候，在你不知道方向的时候，实事求是，懂就是懂，不懂就是不懂。

德不配位是常见的大忌。你想想，你的本事和你得到的是否匹配？如果不匹配，你还坚持，劈你的雷也在坚持要劈你的路上了。

天道恶巧，天道恶盈，天道恶贰。贰者，多猜疑也，不忠诚也，无恒心也。

老天爷不喜欢三种东西：巧、盈、二。取巧、自满、不定。

什么是二：猜疑心、不忠心、无恒心。

想讨好老天者，请读《不二》。

想过好一生，也不复杂，不做老天不喜欢的事，不取巧、不自满、不犹豫，不二。

天下无易境,天下无难境;终身有乐处,终身有忧处。

这是片儿汤话,曾国藩擅长炮制,现在的自媒体也擅长。

有些降维攻击很类似,不动脑子说一些不可能错的话,一天一天就这么过去啦。

取人为善，与人为善；乐以终身，忧以终身。

同上。

曾国藩会写爆款公号文。

天下断无易处之境遇,人间哪有空闲的光阴?

工作狂人的座右铭。

第一,没有舒适区域,大家都不容易。诗和远方在天外。

第二,时间不是用来挥霍的,是用来干活的。

成年人除了长肉被秤称,哪里有什么容易的事?既然都不容易,那就放手干活吧,干活不长肉。

天下事一一责报，则必有大失望之时。

做事求回报，肯定要失望。

有回报的，十件事没有一两件，按这个比例去预期，不容易失望。

天下事未有不从艰苦中得来而可久可大者也。

容易的事,都是小事。

大事、长远的规划,都难做。

难做的大事,艰难地慢慢做,一定有可以做成的那一天。

畏难,不做,永远不成。

用兵最戒骄气惰气,作人之道,亦惟骄惰二字误事最甚。

戒骄,戒惰。

谁不想,不干事事就成?谁不想,成点事儿就牛气?

真正成事的人,从来都不这么想。

《易》曰:"劳谦君子有终。吉。"劳谦二字,受用无穷。劳所以戒惰也,谦所以戒傲也。有此二者,何恶不去,何善不臻?

治懒病,用辛苦;治骄傲,用谦虚。

说来说去,还是埋首任事、笑脸迎人。

说到底,还是事功说话、作品说话。牛吹到天上,认识所有人,你的事功在哪里?你的作品在哪里?你自己的落脚点在哪里?

与人为善、取人为善之道，如大河水盛足以浸灌小河，小河水盛亦足以浸灌大河，无论为上为下，为师为弟，为长为幼，彼此以善相浸灌，则日见其益而不自知矣。

与人打交道，不管给予，还是获取，要始终秉承一种善意、好心。

但是，口花花的所谓"为你好"，不是"善"，切记。

要有行动，要有给予，给钱、给资源、给时间，是真正的给予，反之亦然，"彼此以善相浸灌"。

我有几个老哥，每几个月，我烦了的时候，总是找他们去喝酒。我去了他们就开心，我喝嗨了他们就全劝我早些走，去成就那些我想成就的事儿。十几年下来，我有一天忽然问自己，他们为什么事开心？他们要成就什么？我竟然一无所知。

天下凡物加倍磨治,皆能变换本质,别生精彩,况人之于学乎!

学,由量变到质变。

朽木,因为艺术,也能成梵高。姑且言之,姑且信之。

知天下之长而吾所历者短,则遇忧患横逆之来,当少忍以待其定。知地之大而吾所居者小,则遇荣利争夺之境,当退让以守其雌。知学问之多而吾所见者寡,则不敢以一得自喜,而当思择善而约守之。知事变之多而吾所办者少,则不敢以功名自矜,而当思举贤而共图之。夫如是,则自私自满之见,可渐渐蠲除矣。

这段文字说的是"见识"。

见识越多,越能知道自己的小,越能把自己放到合适的位置。

曾国藩的伟大在于越干越觉得自己渺小,更多成事的人是越干越觉得自己无所不能。

个人永远渺小,个人永远是过客,成事的人最多是个协调者。

天大,如果对天有意见,那就等天定一定;地大,如果对地有意见,那就等地静一静;书多,那就等别人和我讲讲我没看过的书;事儿杂,那就和其他能干的人一起去处理它。

就吾之所见多教数人,取人之所长还攻吾短。

带团队的智慧。

第一,把我的知识、技能多教给几个人;

第二,用他人的长处补充我的不足。

人类也是这样用电脑、AI、大数据和云计算的。

百种弊病，皆从懒生。懒则弛缓，弛缓则治人不严，而趣功不敏，一处迟则百处懈也。

带团队不能懒，一懒生百病——

第一，纪律松懈；

第二，管理不严格；

第三，临战、做事迟钝，没有战斗力；

第四，一处迟钝，拖累整个项目组。

要求自己和团队和他人，从早起开始。为什么太阳都起来了，你不能起来？

要求自己和团队和他人，继以准时。交通不好殃及你我，交通不好不是借口，为什么我能提前半个小时到，你却晚到了半个小时？

我听说，不能痛哭长夜的人，不足以语人生。我看见，不能早起的人，不足以托重任。

再有，不能控制自己时间的人，答应之后无故爽约的人，绝对不是能帮你成事的人，从你的人生中删除吧。

勤劳而后憩息，一乐也。至淡以消忮心，二乐也。读书声出金石，三乐也。

曾国藩的欢喜三境界：累死，能酣睡；看开，能笑忘；高声朗读，声若金石。

人间有三个空间能息心养性：重症病房、山房、书房。

去重症病房看看比你惨很多的人，去山房看看比你高很多的树，去书房看看比你聪明很多的书，你应该能偷着乐乐。

病房、山房、书房，都是心房，去待待，去打开，那些房间能打开多大，你的心胸就有多大。

凡喜誉恶毁之心，即鄙夫患得患失之心也，于此关打不破，则一切学问才智，适足以欺世盗名。

喜誉恶毁，普通的人性而已。曾国藩太高标准严要求了。姑妄听之。

我也常常担心，骂我的人是不是太多了？但是，我按曾国藩说的再认真检点一下我自己：你是不是在不懂装懂？是不是在无病呻吟？是不是在欺世盗名？

答案是：我没有。

那就好，那就草船借箭。我就是那个草船，箭都朝我来吧，如果这一切能让我们更加认清世界运转的真相。

那就好，让箭来得更猛烈些吧！我埋首任事，发足狂奔，作品说话，事功说话，草船不说话。

言物行恒，诚身之道也，万化基于此矣。余病根在无恒，故家内琐事，今日立条例，明日仍散漫，下人无常规可循，将来莅众必不能信，作事必不能成。戒之。

曾国藩天天讲恒心，讲坚持就是胜利，但自己做起来也很难。

难，不意味着不做，所以要尽力去做。

屡败屡战和屡战屡败不一样。一个是还有胜算，甚至一定能胜，一个是一定败，一定再败。

过去四十年来，我一直做不到我对自己的要求，但是我屡败屡战。我想，曾国藩在他的六十年阳寿中，多数时候也是这样做的。

孙高阳、史道邻皆极耐得苦，故能艰难驰驱，为一代之伟人。今已养成膏粱安逸之身，他日何以肩得大事？

孙高阳，孙承宗，晚明的名将；史道邻，史可法，明末抗清名臣。

曾国藩以孙、史二人为榜样，因为二人的共同点是：都是文人，都带兵打仗——既做得管理，又下得一线；既能运筹帷幄，又能冲锋陷阵；既搞得了办公室政治，又能和基层打成一片。

原因：能吃苦。

曾国藩也担心，已经养成膏粱安逸之身，明天有了成事的机会怎么办？他的慨叹和刘备某个时候类似。刘备有一天痛哭，周围人都不知道为什么。他也不是阳痿了，也不是早泄了，他是大腿内赘肉多了一些。

成事的人，暂时没了成事的环境，并不意味着放任自己，而是坚持锻炼，保持体重，保持体能，拼命读书、思考。

自戒潮烟以来，心神彷徨，几若无主。遏欲之难类如此矣。不挟破釜沉舟之势，讵有济哉？

戒烟难！

戒别的也难！

所以八戒胖成了那个样子！

古人办事，掣肘之处，拂逆之端，世世有之，人人不免。恶其拂逆而必欲顺从，设法以诛锄异己者，权奸之行径也。听其拂逆而动心忍性，委曲求全，且以无敌国外患而广为虑者，圣贤之用心也。借人之拂逆，以磨砺我之德性，其庶几乎！

既然做事，就有掣肘、不顺心。握越大权，做越大事，越是如此。

"借人之拂逆，以磨砺我之德性"，都是修行。

总想着，"逆我者必诛"，是小孩儿打急了，或者是暴君等不及了。暴君敢杀，敢杀无赦，国家就敢"无敌国外患而亡"。

扶危救难之英雄，以心力劳苦为第一义。

英雄不是脚踏祥云，而是劳心劳力。

如果能踏块云彩就能救世界，满天的云彩上都是一些不靠谱的二货了。

为政之道，得人、治事二者并重。得人不外四事：曰广收、慎用、勤教、严绳。治事不外四端：曰经分、纶合、详思、约守。

得人——建团队。广泛招人、谨慎使用、辛勤教导、严格管理。曾国藩讲的和 MBA 教的一样：人才管理四方面，选、用、育、留。

治事——做项目。尽调分析、通盘斟酌、规划周全、执行坚决。

一个没想透、没想好的战略，如果坚决执行，会死人，会误事。一个想透了、想好了的战略，如果不坚决执行，会死人，会误事。所以，每一步，都要朴拙勤慎。

每日须以精心果力独造幽奥，直凑单微，以求进境。一日无进境，则日日渐退矣。

曾国藩的"修行"，每天要进步。辛苦！

关于人性，关于集体人性，关于中国历史智慧，有些见识，要日日修，日日挖掘。总觉得没真明白，总觉得自己偷懒了。

越读，越觉得曾国藩的伟大在于求千古智慧和不朽，不贪恋现世名利。他为之所困、为之所扰的都是智慧相关的问题，和名利纠缠无关。

于清早单开本日应了之事，本日必了之。

实用技能，坚持必有大效果！

自己给自己买个本子，每天早上列出每天必干的三件事，每天上床前检查，至少干完第一件。

与胡中丞熟商江南军事。胡言凡事皆须精神贯注,心有二用,则必不能有成。余亦言军事不日进则日退。二人者互许为知言。

  胡中丞,胡林翼,曾胡左李,中兴名臣。
  胡说:一心一用。曾说:一日一进。
  不仅打仗,做任何事,都当如此。
  更多的现世人,哪怕吃一个饭、开一个会,都不能不时常看他的手机,似乎有天大的事儿找他。

文集

独也者，君子与小人共焉者也。小人以其为独，而生一念之妄，积妄生肆，而欺人之事成。君子懔其为独而生一念之诚，积诚为慎，而自慊之功密。彼小人者，一善当前，幸人之莫我察也，则趋焉而不决。一不善当前，幸人之莫或伺也，则去之而不力。幽独之中，情伪斯出，所谓欺也。惟夫君子者，惧一善之不力，则冥冥者有堕行，一不善之不去，则涓涓者无已时。屋漏而懔如帝天，方寸而坚如金石，独知之地，慎之又慎。

——《慎独论》

儒家讲"慎独"，慎之又慎，因为人是社会的动物，独处时，无人监督，无人瞩目，容易生不善心，做坏事。

在宋代，儒家曾经发生过人性善、人性恶的争论，结果，孟子主张的"人性本善"胜出，形成了宋明理学。人性本善，但是，人性软弱，需要修行。修行的重点，就在"慎独"——对人性的考验。当无人监督时，你还能坚持、实实在在地做一个好人吗？

但，人性往往是经不起考验的。

不要和很多人的集体人性抗衡，不要和人类共同的弱点死磕，基本都会输。集体人性担心彼此的降维攻击，都会在制衡状态下呈现人性之恶。

独处时，君子怕，看到月亮和星星，而生圣念，想起一生中后悔的事儿，梅花就眼睁睁地开满了南山。

独处时，小人喜，甚至喜极而泣，"哪里有报应？说好的雷劈呢？"想不出来一生中应该后悔的事儿，下山时就被雷劈了，梅花落满了他尸首的周围。

南山上哪有那么多善解人意的梅花？

说到底，还是人心向善，恶人也不会认为自己在作恶，他会给自己编个故事，往死了骗自己，骗好了自己然后去骗众人。但是，独处时，皓月当空，星落如雨，他没准就崩溃了。全世界的梅花、月亮和星星都消灭不了恶人的时候，恶人心中的善会劈死他，形式多样，比如连续失眠，比如梦见各种样子的鬼，比如得恶疾，比如在恍惚中跌倒。

风俗之厚薄奚自乎？自乎一二人心之所向而已。民之生，庸弱者戢戢皆是也，有一二贤且智者，则众人君之而受命焉；尤智者，所君尤众焉。此一二人者之心向义，则众人与之赴义，一二人者之心向利，则众人与之赴利。众人所趋，势之所归，虽有大力莫之敢逆。故曰挠万物者莫疾乎风。风俗之于人之心，始乎微，而终乎不可御者也。

先王之治天下，使贤者皆当路在势，其风民也皆以义，故道一而俗同。世教既衰，所谓一二人者不尽在位，彼其心之所向，势不能不腾为口说而播为声气。而众人者，势不能不听命而蒸为习尚。（启超按："势不能不"四字极见得到，此深于社会学者之言也。）于是乎徒党蔚起，而一时之人才出焉。有以仁义倡者，其徒党亦死仁义而不顾；有以功利倡者，其徒党亦死功利而不返。水流湿，火就燥，无感不雠，所从来久矣。

今之君子之在势者，辄曰天下无才。彼自尸于高明之地，不克以己之所向转移习俗，而陶铸一世之人，而翻谢曰无才，谓之不诬可乎？十室之邑，有好义之士，其智足以移十人者，必能拔十人中之尤者而材之。其智足以移百人者，必能拔百人中之尤者而材之。然则转移习俗，而陶铸一世之人，非特处高明之地者然也，凡一命以上，皆与有责焉者也。

有国家者得吾说而存之，则将慎择与共天位之人。士大夫得吾说而存之，则将惴惴乎谨其心之所向，恐一不当而坏风俗，而贼人才。循是为之，数十年之后，万一有收其效者乎？非所逆睹已。（启超按：此篇公之少作也。深明社会变迁之原理，我国数千年来不多见之名文也。公于穷时、达时皆能以心力转移风气,亦可谓不负其言矣。)

——《原才》

梁启超选编了这么长一段文章,核心是精英的作用。

第一,引导社会风向;

第二,领导民众运动;

第三,精英选拔,形成集群效果;

第四,精英教育,形成代际传递。

曾国藩和梁启超,都是儒家的精英教育的结果,在他们各自的时代,各自承担了精英的责任——曾国藩挽救旧时代,梁启超开启新时代——信服精英的作用。

这些年,中产阶级流行羡慕"贵族",各种莫名其妙的"贵族精神"层出不穷。这是中了英国电视剧的毒。中国自宋以后,就是平民社会,没有贵族,只有精英——儒家模式训练出的士人。贵族是血统的,阶层固化;精英是文化的,阶层跨越。

曾国藩和梁启超的父辈,一个是湖南乡下小地主,一个是广东乡下小地主,在北京没房没爹,但凭借着儒家的精英教育和个人才能,两人都成为时代的领袖。在他们之后,曾家和梁家也是精英辈出,文化豪门范儿十足。

儒家的精英教育,不是伊顿、哈罗,而是从四书五经开始,反反复复唠叨的"修行"——言行学识,一步一个脚印,简单但不易行。

一部《曾文正公嘉言钞》,反反复复唠叨的也是这个。

崇尚贵族是笃信遗传。如果真的靠遗传能解决人类的问题,人类遗传了那么多次,早就该都是圣人了,怎么还会有人性之恶?

崇尚精英是笃信修行。所谓道理,都在这本薄薄的书里,是不是愿意修行、能不能修行到,看造化和虔诚。

成事理论的核心基础是:就是这么一个肉身,就在现世,还是可以努力做圣人,做不到圣人,至少可以做一个成事的人,至少可以让世界更美好一点点。

我老哥喝多了,总反问我:"人类该死,为什么要舍己救那些二货?"我记得,张献忠也是这么认为的。我和哥哥说:"我即使舍己,很可能也救不了那些二货,但是我尽心尽力、尽职尽责了。相遇一场,缘止于此。"

先王之道不明，士大夫相与为一切苟且之行，往往陷于大戾，而僚友无出片言相质确者，而其人自视恬然，可幸无过。且以仲尼之贤，犹待学《易》以寡过，而今日无过，欺人乎？自欺乎？自知有过，而因护一时之失，展转盖藏，至蹈滔天之奸而不悔。斯则小人之不可近者已。为人友而隐忍和同，长人之恶，是又谐臣媚子之亚也。

——《召诲》

这段话说的是"过错"。

第一，远古时候没有规则，都是草创期，人往往犯错而不自知；

第二，儒家形成之后，什么是错是清楚的；

第三，孔子尚且有错，现在的人怎么可能没错呢？

第四，知道自己错了而不改，是奸；

第五，知道朋友错了而不劝，是媚。

——曾国藩板板脸！

又有多少人能简单、坦诚、阳光地和僚友们掰扯是非、毁誉和成败？掰扯之后，反复掰扯之后，又有几个人能简单、坦诚、阳光地接受和改善？

> 学贵初有决定不移之志,中有勇猛精进之心,末有坚贞永固之力。
>
> ——《国朝先正事略序》

先立志,再用心,最后坚持住。

不做到中国第一、世界前列,怎么好意思收兵?

凡物之骤为之而遽成焉者，其器小也；物之一览而易尽者，其中无有也。

——《送郭筠仙南归序》

易做的事，都是小事；易读的书，都是简单清浅的书。不要走捷径，捷径都是通向邪路最快的路。

君子赴势甚钝,取道甚迂,德不苟成,业不苟名,艰难错迕,迟久而后进。铢而积,寸而累,及其成熟,则圣人之徒也。

——《送郭筠仙南归序》

走远路,下笨功夫,一点一滴进步。全力争取名实相符,尽量不要德不配位。

贤达之起，其初类有非常之撼顿，颠蹶战兢，仅而得全。疢疾生其德术，荼蘖坚其筋骨，是故安而思危，乐而不荒。

——《陈岱云母寿宴集诗序》

"天将降大任于是人也，必先苦其心志，劳其筋骨……"

曾国藩这段文字，不如孟子的话诵读起来有力。

古君子多途,未有不自不干人始者也。小人亦多途,未有不自干人始者也。

——《田崐甫寿序》

途,做官的路子。

君子做官路子多,都是从保持独立、不求人(不依附大官)开始;小人做官路子也多,都是从求人(依附大官)开始。

殊途或许同归,其实,殊途往往不同归,特别是在做官的路上。

能俭约者不求人。

——《田崐甫寿序》

如何不求人,保持独立?

过简单生活。

我给自己算过一笔账,如果必须,我一年只需要花很少的钱:我最大的乐趣在于读书和饮酒,特别是读书,酒可以蹭别人的或者买便宜的,我现有的衣服够我穿一辈子了,我可以吃一个煎饼过一天,我只需要十几平米一个房间睡觉和洗澡,不用赶会议的时候,我喜欢走路,不需要车和司机。

又,我还爱古董。如果没钱挣了,估计我也不需要天天上班了,那我就不买古董,天天去博物馆看,过眼即我有。

天可补,海可填,南山可移,日月既往不可复追。其过如驷,其去如矢,虽有大智神勇莫可谁何。光阴之迁流如此,其可畏也,人固可自暇逸哉?

——《朱玉声寿序》

时间的流逝太可怕,怎能不干活?怎么还喝酒吹牛?怎么还泡妞?怎么还打游戏?怎么还抽烟?

工作狂人的人生态度。

人固视乎所习。朝有婥婀之老，则群下相习于诡随。家有骨鲠之长，则子弟相习于矩矱。倡而为风，效而成俗，匪一身之为利害也。

——《陈仲鸾父母寿序》

婥婀，嗯啊复议，重复说套话，平庸无主见。

一个团队，或者一个家庭，风气行为，就看管理者。管理者没主见，下面的人就偷奸耍滑；管理者正派、严格，下面的人就守规矩。管理者的样子，不仅涉及个人利益，更影响到团队的作风。

兵孬孬一个，将孬孬一窝。而且还有一个现象是：不干事、不成事的风气稳定，老的能人都走光了，新来的能干的也会一个个被整走。

天之生斯人也，上智者不常，下愚者亦不常，扰扰万众，大率皆中材耳。中材者，导之东而东，导之西而西，习于善而善，习于恶而恶。其始瞳焉无所知识，未几而骋耆欲、逐众好，渐长渐惯而成自然。由一二人以达于通都，渐流渐广，而成风俗。风之为物，控之若无有，鲔之若易靡，及其既成，发大木，拔大屋，一动而万里应，穷天人之力，而莫之能御。

——《箴言书院记》

大到一个社会，小到一个团队，才华卓异的人少见，蠢笨的人也少见，大多数是普通人（中材）。普通人，要有精英引导、教育、带动。这是精英的责任。

能成事的人，修炼好之后，善用自己的杀器。向善，行善，与人为善，推众趋向善，阿弥陀佛。

安乐之时，不复好闻危苦之言。人情大抵然欤！君子之存心也，不敢造次忘艰苦之境，尤不敢狃于所习，自谓无虞。

——《金陵楚军水师昭忠祠记》

享受的时候，不爱听创业时的苦，这是人性。

但是，生于忧患死于安乐，也是古训。

坚守常识，超越人性，就是精英。

> 君子之道，莫大乎以忠诚为天下倡。世之乱也，上下纵于广等之欲，奸伪相吞，变诈相角，自图其安而予人以至危，畏难避害，曾不肯捐丝粟之力以拯天下。得忠诚者起而矫之，克己而爱人，去伪而崇拙，躬履诸艰，而不责人以同患，浩然捐生，如远游之还乡，而无所顾悸。由是众人效其所为，亦皆以苟活为羞，以避事为耻。呜呼！吾乡数君子所以鼓舞群伦，历九载而戡大乱，非拙且诚者之效欤？
>
> ——《湘乡昭忠祠记》

还是说"精英的责任"。

晚清之际，世道衰颓，曾国藩念念不忘，身体力行的就是儒家教育中"精英责任的重负"。

其实这条高度总结了湘乡诸贤为何、如何干掉了太平天国、中兴了清朝：不贪财、不怕死、劳怨不避、浩然捐生，再加上成事人的成事能力。

世多疑明代诛锄搢绅而怪后来气节之盛,以为养士实厚使然。余谓气节者,亦一二贤者倡之,渐乃成为风会,不尽关国家养士之厚薄也。

——《书周忠介公书札后》

晚明,读书人殉国的很多,一些人认为是"养士实厚"(国家给读书人的利益多)的原因。曾国藩认为,是精英做出表率的成果,和利益无关。

——在这里不同意曾国藩一次。

实际上,晚明是个变态的时代,精英阶层享受各种法律体系内与外的利益,夜夜秦淮八艳,普通百姓吃糠咽菜都难,只有李自成等人奋起,把锅彻底打翻,大家都没的吃。而精英阶层的"殉国",固然有着气节大义,底色还是保护自己的利益。民众很少跟着他们抗争,普通百姓是"打开门迎闯王",吃大户才能不饿死。

贫富太过悬殊的结果,精英、群众,都是死,虽然死法不同。

凡菜茹手植而手撷者，其味弥甘。凡物亲历艰苦而得者，食之弥安也。

——《大界墓表》

自己种的菜最好吃。"夜雨剪新韭"，连夜包饺子，听着都好吃。

道微俗薄,举世方尚中庸之说,闻激烈之行,则訾其过中,或以闶济尼之。其果不济,则大快奸者之口。夫忠臣孝子,岂必一一求有济哉?势穷计迫,义不返顾,效死而已矣。其济,天也;不济,于吾心无憾焉耳。

——《陈岱云之妻易安人墓志铭》

世道变乱,精英们要有作为。

有作为,不一定有作用。没有作用,就会被人说闲话。

即使在乱世,即使在末世,有些鸟生下来就不是为了躲枪子儿的,有些人活着,就是为了成事的。这是人世轮回、不至于万劫不复的根本。

做事在人,成事在天。先做再说,于心无憾。至于闲话,算个屁。

(全书终)

冯唐

1971年生于北京,诗人、作家、商人

1998年,获协和医科大学临床医学博士
2000年,获美国埃默里大学MBA学位
2000—2008年,麦肯锡公司全球董事合伙人
2009—2014年,华润医疗集团创始CEO
2015年始,从事医疗投资

已出版作品

长篇小说
《欢喜》《十八岁给我一个姑娘》《万物生长》
《北京,北京》《不二》《女神一号》
短篇小说集
《安阳》《搜神记》
散文集
《活着活着就老了》《三十六大》
《在宇宙间不易被风吹散》《无所畏》
诗集
《冯唐诗百首》《不三》
译著
《飞鸟集》

成事

作者 _ 冯唐

产品经理 _ 曹曼　　装帧设计 _ 董歆昱　　技术编辑 _ 丁占旭
执行印制 _ 刘淼　　出品人 _ 于桐

营销团队 _ 李佳 闫冠宇　　物料设计 _ 孙莹

鸣谢（排名不分先后）

王光裕　贺彦军　李慧颖　张其鑫　阮班欢　李欣爱

果麦
www.guomai.cn

以 微 小 的 力 量 推 动 文 明

图书在版编目（CIP）数据

成事：冯唐品读曾国藩嘉言钞 / 冯唐著. —— 北京：
北京联合出版公司, 2021.7（2024.4重印）
ISBN 978-7-5596-5319-2

Ⅰ.①成… Ⅱ.①冯… Ⅲ.①曾国藩（1811-1872）
—语录—研究 Ⅳ.①K827=52

中国版本图书馆CIP数据核字(2021)第105672号

成事：冯唐品读曾国藩嘉言钞

作　　者：冯　唐
出 品 人：赵红仕
责任编辑：郭佳佳
封面设计：董歆昱

北京联合出版公司出版
（北京市西城区德外大街83号楼9层　100088）
北京盛通印刷股份有限公司印刷　新华书店经销
字数180千字　880毫米×1230毫米　1/32　8.75印张
2021年7月第1版　2024年4月第15次印刷
ISBN 978-7-5596-5319-2
定价：68.00元

版权所有　侵权必究
未经许可，不得以任何方式复制或抄袭本书部分或全部内容
本书若有质量问题，请与本公司图书销售中心联系调换。电话：021-64386496